Hans Peter Hari
Massage macht Schule

Hans Peter Hari

# Massage macht Schule

Zytglogge Werkbuch

2. Auflage 2002


Lektorat: Anita Egli
Illustrationen: Karin Widmer
Umschlag- und Inhaltsfotos: Fritz Friedli
Satz und Gestaltung: Edith Günter-Biedermann
Druck: AZ Druck und Datentechnik GmbH, Kempten
ISBN 3-7296-0514-3

Zytglogge Verlag Bern, Eigerweg 16, CH-3073 Gümligen
info@zytglogge.ch, www.zytglogge.ch

# Inhalt

**Übungen für Kinder**



**Wo die Zeit stillsteht**

# Vorwort

Vor vielen Jahren sah ich bei einem Schulbesuch im Emmental, wie eine Lehrerin einem Schüler die Schultern knetete, um ihn zu lockern. Das war hilfreich gegen sein Toben, das gewöhnlich dem Verkrampfen folgte. Der Knabe hatte gelernt, seine Spannungen zu erkennen, und er forderte die Lehrerin seither öfters auf, ihn zu massieren. Später legte er seinen Kopf seitlich auf die eigene Schulter und knetete mit seiner Hand den angespannten Muskel so, wie es ihm guttat. Die Sensibilisierung für Spannungen im Körper und die Möglichkeit, selbst etwas Wirksames zur Entspannung zu tun, brachten bei diesem Schüler eine Verbesserung seines Verhaltens.

Ermutigt durch dieses Erfolgserlebnis einer Kollegin, machte ich Massageanleitungen und Tierverse, die – im Unterricht eingestreut – eine spontane, einfache Massage erleichtern.

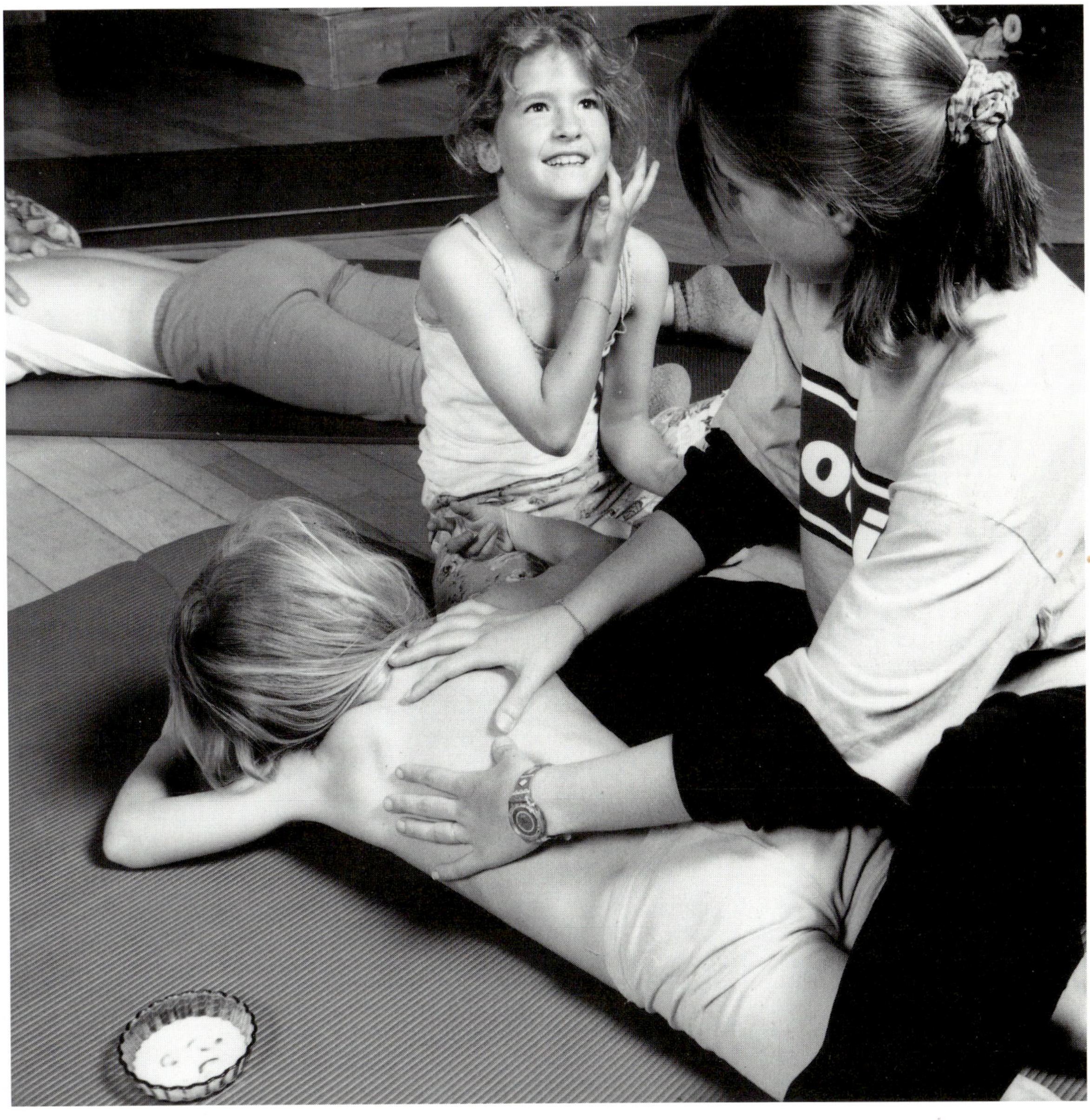

Unter den Fittichen des Berner Schularztamtes wurde ich später zu einem Massageprojekt im Rahmen der Drogenprophylaxe beigezogen. Ein erster Massagekurs kam zustande, weitere Kurse folgten. Ich trug dazu geeignete Elemente aus verschiedenen Massage-«Schulen» und -«Kulturen» zusammen, um zu einer praktikablen, entwicklungsgerechten Massage für die Schule zu gelangen:

- psychomotorische Elemente, die die Körperspannung regulieren helfen und Körpergefühl, Raumorientierung sowie Denkvoraussetzungen verbessern;
- Elemente aus dem autogenen Training, die die Entspannung begünstigen;
- Vorstellungsbilder, die ein starkes Miterleben sichern;
- sprachlich-rhythmische Elemente, die die inneren Kräfte und die inneren Steuermechanismen beim Massieren in einer passenden Art einsetzen.

Heute setzen immer mehr ehemalige Kursteilnehmer – Lehrerinnen und Lehrer, Kindergärtnerinnen, Eltern und Fachleute in helfenden Berufen – diese Massage epochenweise oder sporadisch ein. Einige brauchen die wohltuenden Übungen im Bewegungs- und Therapiebereich, andere pflegen eine richtige Massagekultur.

Die Anweisungen im vorliegenden – aus Kursmaterialien zusammengestellten – Werkbuch sind dem Erleben angepaßt. Die kleineren Kinder lieben vor allem die Tierverse, bei denen sie, sprachlich begleitet und durch Vorstellung und Phantasie gestützt, automatisch das Richtige tun. Jugendliche werden eher am Beherrschen einer Auswahl von einfachen Griffen, die vielfältig kombinierbar sind, Freude haben.

Die Auseinandersetzung mit Massage braucht für unsere Praxis, zuhause und in der Schule, relativ wenig Ausbildung. Die grundlegenden Elemente des Massierens können in wenigen Stunden kennengelernt werden. Eine breitere handwerkliche Basis erfordert eine vertieftere Ausbildung und ein variationsreiches Üben an verschiedenen Personen.

Es ist jedoch sehr wohl möglich, dieses Werkbuch autodidaktisch zu verwenden, und es gibt eine wunderbare Kontrolle, ob man es «korrekt» macht: Wenn Massage auch den Massierenden wohltut, ist man bereits auf dem richtigen Weg. Und dieser führt zu vertieftem Interesse und höheren Ansprüchen an Qualität. Um diesem Bedürfnis gerecht zu werden, bietet der Verfasser weiterhin Kurse von verschiedener Dauer an. Zudem ist ein Video in Vorbereitung.

Das Werkbuch «Massage macht Schule» ist also ein Lehrbuch, das zu fachkundiger Arbeit führt. Es geht sowohl um das Handwerk wie auch um die Absicht, Massage im Erleben der Gebenden und der Nehmenden einzubetten.

Ich versuche, Massage ressourcenorientiert zu vermitteln. Das Gefühl geht der Technik voran, und die Technik kommt durch die emotionale Basis zum Tragen. Sie ist wichtig: Wir wirken mit unserem Körper auf den Körper eines Mitmenschen ein. Ein angepaßter, klarer Griff ist gleichsam das Transportmittel für unser gutes Wollen. Er vermittelt Entspannung, Sicherheit und das Gefühl, sorgfältig behandelt zu werden. Damit aber nicht am Perfektionieren der Technik geklebt wird, arbeiten wir mit Vorstellungsbildern: Wenn ich mir ein dickes, schweres Bärenfell visuell und taktil vorstelle und einen Rücken entsprechend bearbeite, stützen die Vorstellungen meine Sicherheit. Es gibt keine richtige oder falsche Vorstellung, wie stark man einem Bären das Fell schütteln muß. Die Qualifikation des Bären besteht nicht aus richtig/falsch, sondern aus Schweigen, genüßlichem Brummen, Knurren, und allenfalls wird man gefressen: Massage entsteht in lebendigem Dialog.

*H.P.H.*

# Zum Vorausdenken

## Massage vertraut den Sinnen

Wer hat nicht schon mit Genuß eine Katze, einen Hund oder auch ein Pferd gekrault und dabei die Zeit vergessen?

Kinder und Jugendliche lehren wir ein verantwortungsvolles Massieren, indem wir die Empfangenden mit unseren äußeren und inneren Sinnen genau wahrnehmen und sie sorgfältig behandeln.

Durch das Üben verbessern sich die Gleichmäßigkeit der Handgriffe, die Kunst der Kraftdosierung und die zweckfreie Selbstverständlichkeit des Berührens, die man erlebt, wenn man eine Katze krault.

Massage an verschiedenen Personen hilft, uns auf neue Situationen einzustellen und uns anzupassen. Unsere Massage wird variationsreicher, und unsere Fertigkeiten werden frei verfügbar.

Wenn wir wissen, was wir wollen, wenn unser Ziel klar ist, gibt uns das innere Sicherheit. Das ist mindestens ebenso wichtig wie das handwerkliche Können, denn die innere Sicherheit und das Handwerk verbinden sich mit den Erfahrungen aus dem Üben zu einem kostbaren Ganzen. Gut massieren zu können, gibt ein gutes Gefühl.

Schülerinnen und Jugendliche interessieren sich im Zuge von Massageübungen oft auch für den Aufbau und den Verlauf von Muskeln und das Funktionieren des Lymph- und Blutkreislaufes.

### *Antwort ohne Sprache*

*Kraule wieder einmal eine Katze.*
*Schließe dabei deine Augen.*
*Reduziere den Druck so, daß die Katze beginnt, sich an deine Finger zu drücken.*
*Dann ist deine Intensität ideal.*
*Versuche dein Tempo zu ändern.*
*Wie verhält sich die Katze?*

### *Wie spüre ich mich? Was sehe ich? Wie fühle ich mich?*

*Stelle dich im Badezimmer vor den Spiegel.*
*Schließe deine Augen.*
*Wasche dein Gesicht ausgiebig mit Wasser und den bloßen Händen.*
*Spüre deine Konturen.*
*Fühlst du die Teile des Gesichtes groß oder klein?*
*Kontrolliere mit den Augen: Stimmt dein Gefühl mit dem Bild im Spiegel überein?*

### *Wie spüre ich dich? Wie erlebst du mich? Wie fühle ich mich?*

*Nimm ein Becken mit warmem Wasser, Seife und ein Frottiertuch.*
*Wasche mit geschlossenen Augen deiner Partnerin die Füße und trockne sie ab.*
*Erzählt einander, was ihr erlebt habt.*
*Wechselt ab.*

 

## Wozu Massage?

### Massage hilft, menschlicher zu leben

Unser Leben ist an unseren Leib gebunden. Wir lernen während unserem ganzen Dasein, mit unserem Körper umzugehen und Sorge zu tragen. Diese Auseinandersetzung ist ein Teil unserer nie abgeschlossenen Entwicklung. Massageerlebnisse können uns diese Aufgabe erleichtern.

### Massage bietet gute, lebendige Gefühle

Diese haben eine psychotherapeutische Dimension. Wenn durch Massage gelernt wird, Lust zu genießen, so ist das ein Beitrag zur Vorbeugung gegen Sucht. Der Umgang mit dem Körper dient zudem der Prävention von Gewalt.

### Massage beeinflußt psychische Funktionen

Auch mit einfachen Griffen bietet sich die Möglichkeit, anzuregen und zu beruhigen: **Harte Griffe beruhigen, weiche regen an.**

Durch die Arbeit an beiden Körperhälften verbessert sich das Körperbewußtsein, insbesondere die Links/rechts-Orientierung.

Die Wahrnehmung wird verbessert, weil äußere Sinneserfahrungen mit inneren Sinneserfahrungen verknüpft werden: Rhythmische Sprache mit lebendiger Betonung und das Erleben des Körpers verschmelzen. Es werden beide Gehirnhälften gefordert.

Durch das Spüren, wie fest ich drükken muß, damit ein kontinuierlicher Druck aufrechterhalten wird, automatisiert sich die innere Kontrolle in den arbeitenden Händen. Das beeinflußt unsere Aufmerksamkeit und Konzentration.

Beim Massieren und Massiertwerden wird gelernt, auf gleicher Ebene Beziehungen aufzunehmen, diese auszuhalten und wieder zu lösen. Das ist Erziehung zum mitmenschlichen Verhalten.

### Massage dient dem Sport und als Medizin

Sie fördert die Leistungsbereitschaft und verkürzt die Erholungsphase. Durch Aufwärmen der Muskulatur wirkt sie vorbeugend gegen Sportverletzungen.

Die einzelnen Griffe zeigen verschiedene Wirkungen:

- Streich- und Druckmassage fördert das venöse Blut zum Herzen zurück. Auch Lymphflüssigkeit wird so zurücktransportiert.
- Hack- und Klopfmassage verbessert die Durchblutung von Haut und Muskulatur mit frischem, arteriellem Blut.
- Kneten wirkt gegen Verspannungen in den Muskeln und gegen dort eingelagertes Gel.
- Vibrationen oder Schüttelungen wirken gegen Verspannungen.

## Massage kann problematisch sein

Gute Massage ist immer «sinnlich». Sinnlichkeit ist Ausdruck alles Lebendigen. Gute Massage geht unter die Haut. Sie wirkt nicht nur auf Muskeln, Sehnen, Gefäße und Kreislauf. Wir erleben, daß unsere Gefühle mit dem Leib verbunden sind und bei Massage lebendig werden.

Die freiwerdende Kraft ergreift uns manchmal lustvoll, manchmal schmerzhaft.

Im Schulbereich ist es uns Eltern und Lehrerinnen nicht immer wohl, weil wir gegenüber den erotischen Gefühlen und Zärtlichkeitsbedürfnissen von Kindern und Jugendlichen etwas hilflos sind. Wir möchten weder einer normalen Entwicklung im Wege stehen noch aufreizen zu etwas Ungutem.

Wenn Gefühle einmal ausgelöst sind, stehen sie kaum mehr unter unserer Kontrolle. Möglicherweise können Gefühle nicht aufgearbeitet und Bedürfnisse nicht befriedigt werden, weil sie überhöht sind und weder moralisch-ethischen Werten noch juristischen Normen entsprechen.

Es nützt nichts, zu wissen, daß erotische Gefühle nicht automatisch sexuelle Ansprüche nach sich ziehen.

Ich glaube, daß eine kontinuierliche Erziehung zu unserer Körperlichkeit von der Geburt an geschehen soll.

Massage sollte in diese Welt des Vertrauens und der Sicherheit eingebettet werden. Sie kann wohl kaum eine versäumte Erziehung zur Körperlichkeit nachholen, ist dazu aber Hilfe und Unterstützung.

Beim Massieren in der Schule, vor allem dann, wenn Massage nicht von Eltern und Behörden mitverantwortet wird, könnten Lehrerinnen und Lehrer beschuldigt werden, der Unzucht unter Kindern – allenfalls der Unzucht mit Kindern – Vorschub geleistet zu haben. Die Gefahr besteht hauptsächlich dann, wenn Eltern und Behörden mangelhaft informiert sind. Deshalb ist es schön, wenn Eltern in Massageübungen einbezogen werden können.

Die Eltern sollen im Schulbereich jedoch immer die Möglichkeit haben, Massage abzulehnen, vorallem dann, wenn sie sich um die Sittlichkeit sorgen.

Möglicherweise ist ihnen unklar:

*Es muß nicht splitternackt massiert werden. Je nach Übungsart sind Turnkleider, Badehosen oder Slips angemessen. Die Kinder und Jugendlichen wird gelehrt, daß die Geschlechtsteile nicht berührt werden dürfen.*

Schwieriger ist es, wenn moralisch-religiöse Vorbehalte angebracht werden. Moral und Religion entziehen sich bisweilen der Vernunft. In diesem Fall muß auf Massage im Rahmen der Schule verzichtet werden.

Dabei wird leider nicht daran gedacht, daß bei guter, hoffentlich wohltuender Massage auch immer eine seelisch-geistige Dimension zum Klingen kommt.

Von Eltern organisierte, private Massageanlässe sind eine gute Idee: Andere Eltern und Kinder werden zusammen getrommelt, gemeinsam wird entdeckt und erlebt.

## Wie kann Massage eingesetzt werden?

### Eltern massieren ihre Kinder

Eltern wollen mit Massage ihren Kindern etwas Liebes tun. Die Kinder holen, soviel sie wollen. Die Eltern geben in der Regel, soviel sie können. Ein Zurückfallen der massierten Kinder in eine frühere Entwicklungszeit ist ein Zeichen für Sicherheit und Geborgenheit. Die Körperspannung der Kinder nimmt dabei ab. Es kann ein schönes Wir-Gefühl entstehen. Die Gewöhnung, der zeitliche Rahmen und die Anzahl der anwesenden Eltern mit ihren Kindern steuern die Intensität.

Je nach Alter und Entwicklung lieben es die Kinder, die Rollen zu tauschen.

Es ist erstaunlich, wie lernfähig die Kinder als Massierende sind und wie gut einfache Korrekturanweisungen verwertet werden. Eltern und Kinder haben ein feines Gefühl für das gesunde Maß.

## Massage im Kindergarten und in der Volksschule

Lehrerinnen und Lehrer lehren ihre Schülerinnen und Schüler den sorgfältigen Umgang untereinander beim alltäglichen Zusammenleben. Massage kann diesen Prozeß unterstützen. Massage während einer ganzen Wochenlektion über fünf Wochen ist ebenso möglich wie im Unterricht eingebaute, kurze Sequenzen, die über längere Zeit durchgeführt werden. Die Intensität der Massage kann mit Ballonen oder Bällen reduziert werden.

**Stufengerechte Massage heißt differenzierende Arbeit.**

Die folgenden Empfehlungen gründen auf Erfahrungen aus Vorschule und Schule, aus verschiedenen Stufen und Schultypen. Ein wagendes, aber vorsichtiges und maßvolles Vortasten im stofflichen Bereich muß den Lehrkräften – und den Eltern – überlassen werden. Alles ist eine Frage des im Moment passenden Maßes.

**In Kindergarten und Unterstufe** geht es um strukturgebende Grundformen. Verslein und Sprüche sind hier eine rhythmisch-dynamisch-sprachliche Hilfe, die das Geschehen ordnen hilft. Die Massage kann sehr gut in den Gesamtunterricht integriert werden. Sie sichert ganzheitlichen Erlebnisunterricht.

Die Schülerrückmeldungen beziehen sich auf Änderungen der Körperwahrnehmung: Es wird beispielsweise bemerkt, daß sich der massierte Arm größer oder schwerer anfühlt.

**An der Mittelstufe** (4.–6. Schuljahr) geht es vorwiegend um den selbständigen Einsatz einzelner Massagesequenzen. Die Fächer Turnen und Lebenskunde bieten sich als Gefäße für Kurzmassagen und Entspannungsübungen an. Massage kann gegen entwicklungsbedingte Verspannungen und Verkrampfungen eingesetzt werden. Geeignet sind insbesondere gymnastische Übungen aus dem Yoga oder Elemente der Schüttelmassage. In Schülerrückmeldungen werden nun öfters differenzierte Wünsche zur Änderung der Griffqualität angebracht. Mittelstufenschülerinnen experimentieren gerne!

**An der Oberstufe und bei Jugendlichen** (ab 7. Schuljahr) gelangen größere Sequenzen zu Sportmassagen zur Anwendung. Auch als Hilfe zur Selbstfindung kann Massage dienen. Solche Selbsterfahrung kann in freiwilligen Landschulwochen oder im Zusatzunterricht angeboten werden. Kosmetische Information über die Hautpflege mit dünnen Gurkenscheiben auf dem Gesicht, Handmassage und Nagelpflege sind beliebt.

Kombinationsformen von Massage und Atemführung können sehr starke Gefühle ausgelösen. Die Lehrkräfte sollten im Aufarbeiten von Gefühlen Hilfestellung geben und sich auch die nötige Zeit dazu nehmen. Das Augenmerk gelte jedoch weniger dem kathartischen «Lärm» als den Stilleren in der Gruppe. Man kann in der Gruppe sehr einsam sein.

Ich erhielt auch Rückmeldungen von einer Klasse, in der Massage nach einem Lehrerwechsel während einem ganzen Jahr undurchführbar war, weil die Zusammenarbeit, die Sicherheit und das nötige Vertrauen erst aufgebaut werden mußten.

## Massage als psychoregulative Technik

Die Psychotherapie benutzt die gleichen Massageelemente wie alle anderen Anwender. Aber Dauer, Häufigkeit und Intensität der Behandlung werden den speziellen Zielen angepaßt.

Die Tatsache, daß Patienten therapiert sein wollen, erfordert ein umsichtiges, sanftes Einstimmen.

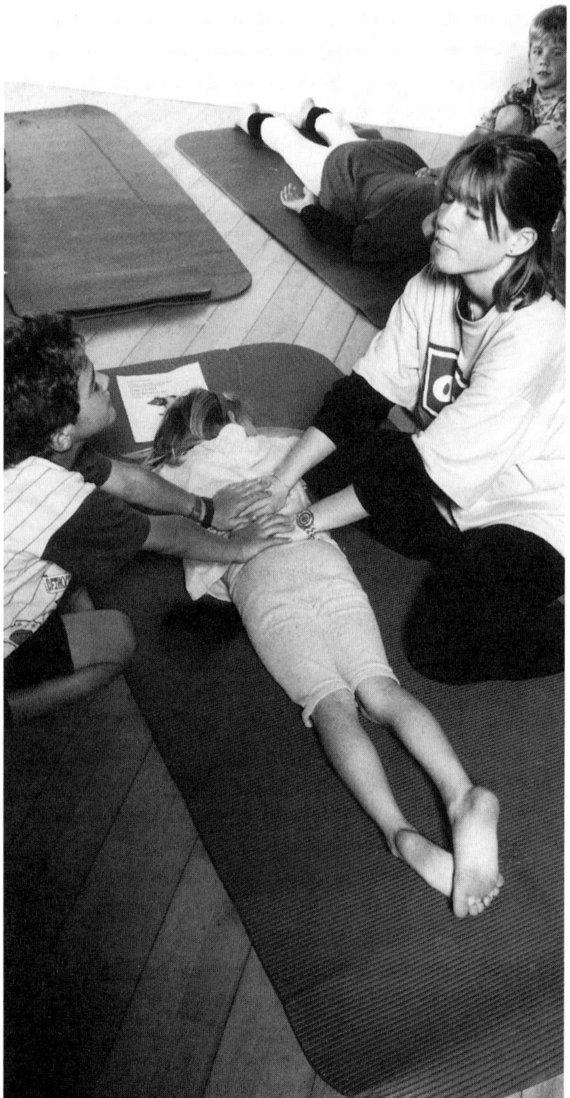

### Günstige Wirkungen

Zuerst seien die guten Gefühle angesprochen, die – vielleicht nach langer Zeit – wieder einmal möglich sind.

Weiter besteht die Möglichkeit, die Muskelspannung des Menschen zu beeinflussen. Entspannende Wirkungen sind einfacher zu erzielen als solche, die die Spannung erhöhen.

Vorstellungsbilder oder Inhalte der Verse lassen uns in Bereiche vorstoßen, die dem autogenen Training und der Hypnose nahestehen. Allerdings müssen sie sehr intensiv erlebt werden.

Die klassische Massage mit der symmetrischen Arbeit an beiden Körperhälften, bei der dem Körper durch satt anliegende, klar und bestimmt geführte Striche die Form «bestätigt» wird, wirkt grundsätzlich ordnend, gegen Spaltungstendenzen und gegen übermäßiges Zurückfallen in ein früheres Entwicklungsstadium (Regredieren).

Die uns geläufige Wirkung des Beruhigens und Anregens wird in anthroposophischer Literatur noch in einem tieferen Sinn verstanden. Das seelische Dasein – oder vielleicht verständlicher ausgedrückt, eine seelische Substanz – wird gleichsam verfestigt oder gelöst.

Massage in Verbindung mit Atemarbeit oder Bearbeitung von Akupressurpunkten kann sehr wirkungsvoll sein zur Provokation von Gefühlen und unbewußten Verhaltensmustern.

### Mögliche Probleme

Das Behandeln in der Massage ist wortwörtlich. Es enthält etwas Aktives, bisweilen Suggestives (insbesondere wenn die Sprache die Massage unterstützt) und steuert den Empfang von außen. Sind Verantwortung und Vertrauen vorhanden?

Bei Patienten mit Tendenz zu Wahnbildung könnte die körperliche Zuwendung bereits schaden.

Probleme können sich bei Patienten ergeben, die zu einer malignen Depression neigen. Eine an sich erwünschte Entspannung würde zum unaufhaltsamen Sich-Fallenlassen ausarten.

Massage und körperorientierte Fantasiereisen können hypochondrisches Verhalten begünstigen. Darum sollte die Massagezeit festgelegt werden.

Wenn Massage mit provozierter, starker Atemtätigkeit kombiniert wird, kann eine Hyperventilation mit starkem vulkanartigem Gefühlsausbruch (Katharsis) ausgelöst werden (Holotropes Atmen, «Rebirthing» nach STAN GROF). Patienten sollten sich auf einen möglichen «Psychoschock» und die vielleicht aufwendige Verarbeitung vorgängig einstellen können.

### Hilfen, die eine Massage erleichtern

1. *Mit Selbstmassage beginnen.*
   *Die meisten Grundgriffe können am eigenen Körper ausprobiert werden.*
2. *Zu zweit an jemand Drittem üben, der gut nehmen kann.*
   *Das entspannt auch den zukünftigen Empfänger.*
3. *Vor den Massagen mit Phantasiereisen beginnen, die entspannen und einstimmen.*
   *Im autogenen Training stelle ich mir persönlich etwas vor. Die sprachliche Formulierung läßt es zu, das eigene Engagement zu dosieren. Man braucht nur soviel zu nehmen, wie zuträglich erscheint.*

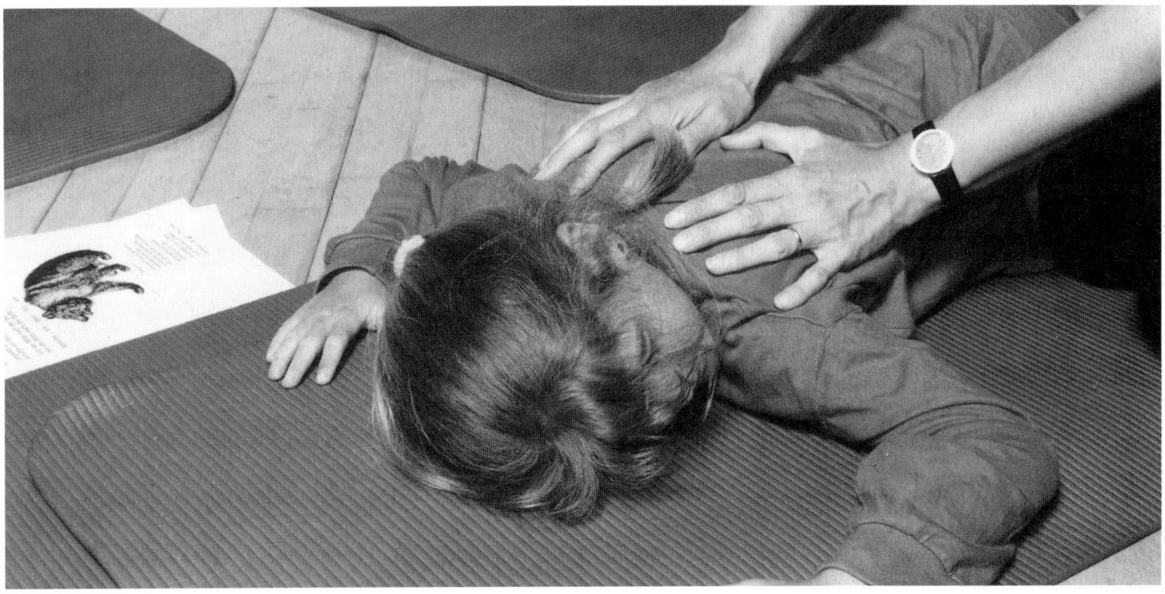

## Phantasiereisen stimmen zur Massage ein

### Kreatives Dichten von Phantasiereisen

Wir fühlen, wie die Laute im Mund klingen, wie Stabreime das Wesen der Laute enthüllen: grob und hart, mild und leise, glitschig gleitend, weich und warm, frisch und flüssig, lustig lullend, sanft und gut.

Wir erleben, daß Vorstellungen von lebendigen Wesen die Phantasien deutlicher werden lassen.

Wir könnten einen Schatz von Phantasiereisen anlegen, in einem Zauberbuch, denn Phantasien leben von der Wiederholung.

### In 5 Minuten entspannt und fit

Beim Liegen ist die Wirkung am größten. Zuerst wird der Text langsam vorgelesen, allenfalls besprochen und vorgezeigt, damit die Kinder verstehen, was gemeint ist. Das Dehnen am Schluß der Übung wird vorgängig vorgemacht. Nach jeder Zeile etwa 5 Sekunden lang warten, damit man Zeit hat zu erleben, wie sich das Vorgestellte anfühlt.

Die Zeit steht still.

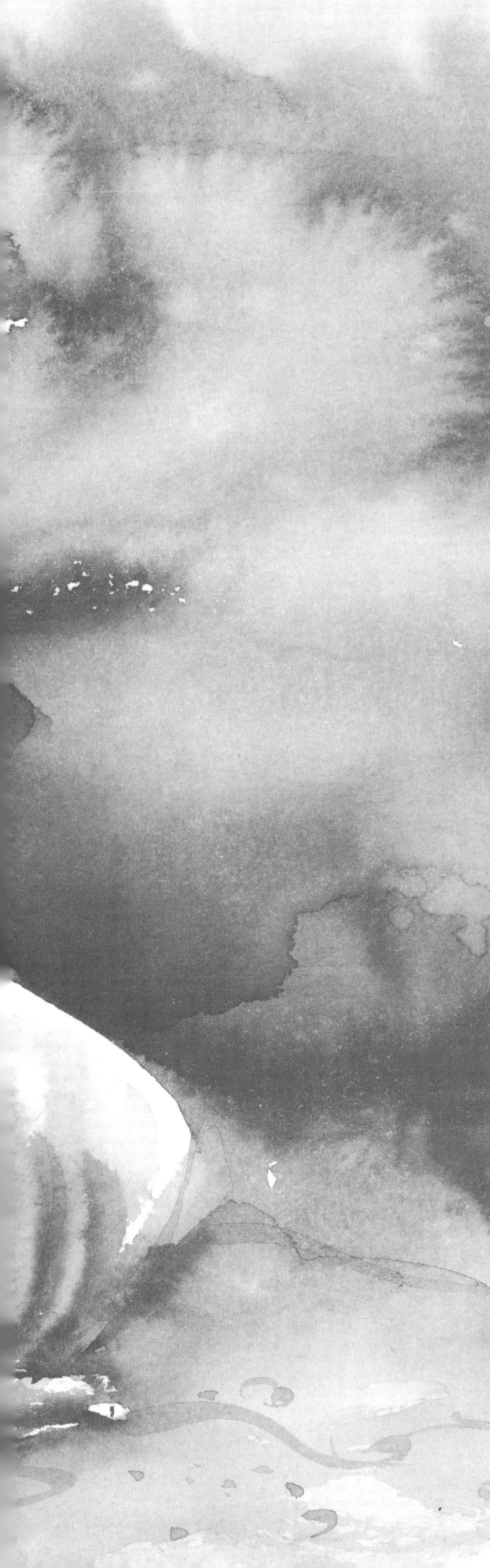

## Ich werde wie eine offene Muschel

Ich liege auf dem Rücken und fühle mein Gewicht.
Die Arme und die Beine liegen leicht gespreizt.

Ich ruhe auf dem Meeresgrund.
Mein Rückgrat ist das Muschelscharnier.

Der Muschelrand beginnt auf meinem Scheitel.
Der Rand führt von mir weg in die Höhe.
Er wendet sich nach außen und führt hinunter.
Berührt die Spitzen des Mittelfingers.
Holt nach unten aus und wendet.
Kommt zurück in die Füße.

Sanfte Wasserströmung umschmeichelt beide Seiten.

Ich ruhe im weichen, warmen Sand.
Angenehme Helle ist um mich herum.
Blüten von Pflanzen bewegen sich langsam.
Mein Atem fließt rund – und weich wie Wasser.

Es atmet ein.
Weiches Wasser spült um meine Lippen,
spült um meine Zunge.
Es atmet aus.
Weiches Wasser strömt durch mich hinunter.
Es schwindet aus dem Körper bei den Füßen.

Nun wende ich den Wasserstrom:
Das Wasser strömt von unten her nach oben.
Es atmet ein – und atmet aus.
Das Wasser spült um meine Zunge,
spült um meine Lippen.

Ich bin satt. Ich schließe die Muschel.
Ich wälze ich mich auf meinen Bauch.
Ich beuge meine Knie.
Ich drücke meine Fersen aufs Gesäß.
Ich balle meine Hände zu Fäusten.
Ich balle meine Zehen.
Ich bin ganz frisch.

## Von Techniken und «Schulen»

Innerhalb der Körperarbeit, in der es etwa 30 Disziplinen gibt, bildet Massage eine Untergruppe. Nach meinen Erfahrungen eignen sich auch Mischformen verschiedener Massageschulen. Einige Prinzipien werden hier angesprochen. Spezielle Fachbücher sind im Anhang aufgeführt. Grundsätzlich ist es möglich, alle Massagetechniken für massierende Kinder und Jugendliche anzuwenden. Einschränkend ist lediglich die Ermüdung der Kinder in den Händen, weil insbesondere bei der klassischen Massage viel Kraft gebraucht wird.

Die Wurzeln der Massage führen ins Altertum zurück, wo man noch vom «Reiben» sprach. Das «Kneifen» soll auch eine ganz alte Technik sein ... In Schweden und Frankreich gab es berühmte Schulen. Darum werden heute noch die französischen Fachwörter für die Grundgriffe gebraucht.

**Unsere Grundgriffe** werden der klassischen Ganzkörpermassage entnommen.

Die Grundgriffe auf französisch:

1. Streichen = Effleurage
2. Reiben = Friction
3. Kneten = Pétrissage
4. Walken = Foulage
5. Drücken = Pression
6. Zitterschüttelung = Vibration
7. Klopfen, Klatschen = Tapotement
8. Hacken = Hachement

Die französischen Begriffe sollen zum Teil aus dem Weinbau stammen. Könnten sie nicht auch der französischen Küche entliehen sein?

**Die Sportmassage** ist eine Kurzform der klassischen Massage und behandelt, je nach Sportart, ausschließlich die betroffenen Muskelgruppen mit Aufmerksamkeit.

Werden Teile des Körpers geschüttelt, so beginnt durch Resonanz die Maße des Körpers zu schwingen. Trager arbeitet gerne mit Schüttelelementen. Mit Impulsen, die den Rhythmus stören, wird die Empfängerin oder der Empfänger «geweckt». Man muß sich auf eine neue Situation einstellen.

**Die Polarity-Massage** ist eine «Energie-Massage». Man versucht, den Energiehaushalt des Menschen günstig zu beeinflussen. Beim Berühren fließt Wärme von den Sendern zu den Empfängern.

**Das Drücken von Akupressurpunkten** kann rezeptologisch ausgeführt oder mit Massage kombiniert werden. Das therapeutisch ausgerichtete **Shiatsu** erfordert mehr Übung und große Präzision. Diese setzt eine genauere Kenntnis von Energieorten (Chakras) und Energielinien (Meridianen) voraus.

**Aus den vielfältigen Yogadisziplinen** eignen sich einfache Atemtechniken.

**Die Rhythmische Massage** nach Dr. Ita Wegmann entwickelte sich aus anthroposophischem Gedankengut und arbeitet mit Denkmodellen wie dem «Befestigen» und dem «Lösen». Der Lebensprozeß, das Eingebettetsein in die Ewigkeit ist hier zentral. Rhythmische Massage lehnt sich an den Puls des Lebendigen an, nicht etwa an den gleichschaltenden, mechanischen Takt. Das Buch von Margarethe Hauschka ist sehr empfehlenswert.

 

## Allerlei

***Unter der Haut wird es richtig interessant!***

*Suche im Lexikon eine Abbildung.*

*Wo findest du*

- *das Schulterblatt?*
- *den Trapezius?*
- *das Schlüsselbein?*
- *die Gesäßmuskeln?*
- *die Trochantergrube?*
- *die Wadenmuskeln?*
- *die Nieren?*
- *das Kreuzbein?*

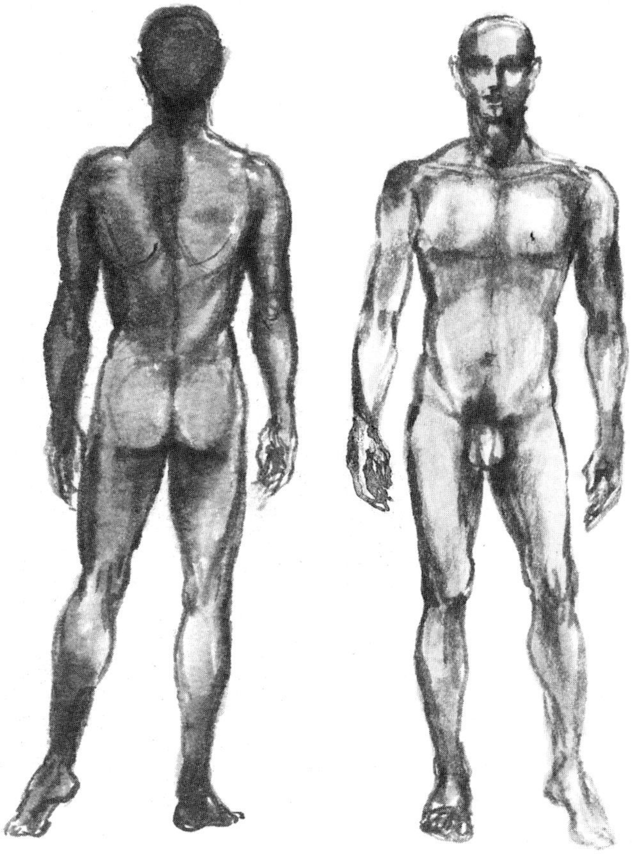

### Zur Planung einer Massage

Mit welchen Strichen stimme ich den Muskel ein? Welche Griffe brauche ich, um tiefere Schichten zu bearbeiten? Wie lockere ich? Wie beruhige ich? Kennen die Empfangenden das zeitliche Ende der Fantasiereisen oder der Massagesitzung? Das hilft ihnen beim Aufhören.

### Tips für den Sportbereich

Verkrampfungen können mit vielen leichten, eleganten Strichen, vielleicht auch mit kleinen punktuellen Friktionen gelöst werden. Besonders in einer Erholungsphase sind vor der Massage Saunabesuche empfehlenswert.

### Fachwörter

- Abteilungen: Abschnitte des Körpers.
- Passagen: Durchgänge einzelner Griffserien.
- Extension: Dehnung durch konstantes Ziehen, insbesondere beim Schütteln von Armen und Beinen.
- Konzentrisch und exzentrisch: Dies sind zwei Arten, wie man Spiralen beginnen kann. Von außen nach innen bedeutet konzentrisch, von innen nach außen bedeutet exzentrisch.
- Torsion: Verdrehung eines Körperteils. Beispiel: Das Becken wird blockiert, die Schultern drehen sich = Torsion der Wirbelsäule.
- Substanz: Ästhetischeres Wort für überflüssigen Speck.
- Synkope: Bewegungsstoß, der den Rhythmus bricht.

**Nähe und Befangenheit**

Von Ballonen, Bällen, Handschuhen, seidenen Tüchlein, Taucheranzügen und Wallhölzern

Von diesen Hilfsmitteln zur Massage ziehe ich das ungepolsterte Wallholz vor. Es gibt zwar etwas Distanz, erfordert aber ein sehr gutes Fühlen, was meine eigenen Hände, mein Gewicht machen und was vom anderen Körper zurückkommt. Es zwingt zu Fairplay. Beim Massieren darf kein Kräftemessen stattfinden. Aber es dürfen auch keine Unsicherheitsgefühle mit Material gedämpft werden. Die Empfängerinnen könnten sich freilich durch inneren Rückzug emotional wehren, wenn sie nicht lautstark gegen Lieblosigkeiten protestieren. Aber das Gute am Massieren, die Ausgewogenheit von Geben und Nehmen, die Ausgewogenheit vom «sich Einlassen» und «bei sich selbst Bleiben», wird zerstört. Gepolsterte Hilfsmittel können eine Ausgewogenheit vortäuschen. Am liebsten brauche ich meine Hände. Massage soll mein Handwerk sein. Ich bin verantwortlich für das, was ich tue und an mir geschehen lasse. Die Zustimmung der Empfangenden und meine fachgerechte Arbeit erleichtern die Berührung.

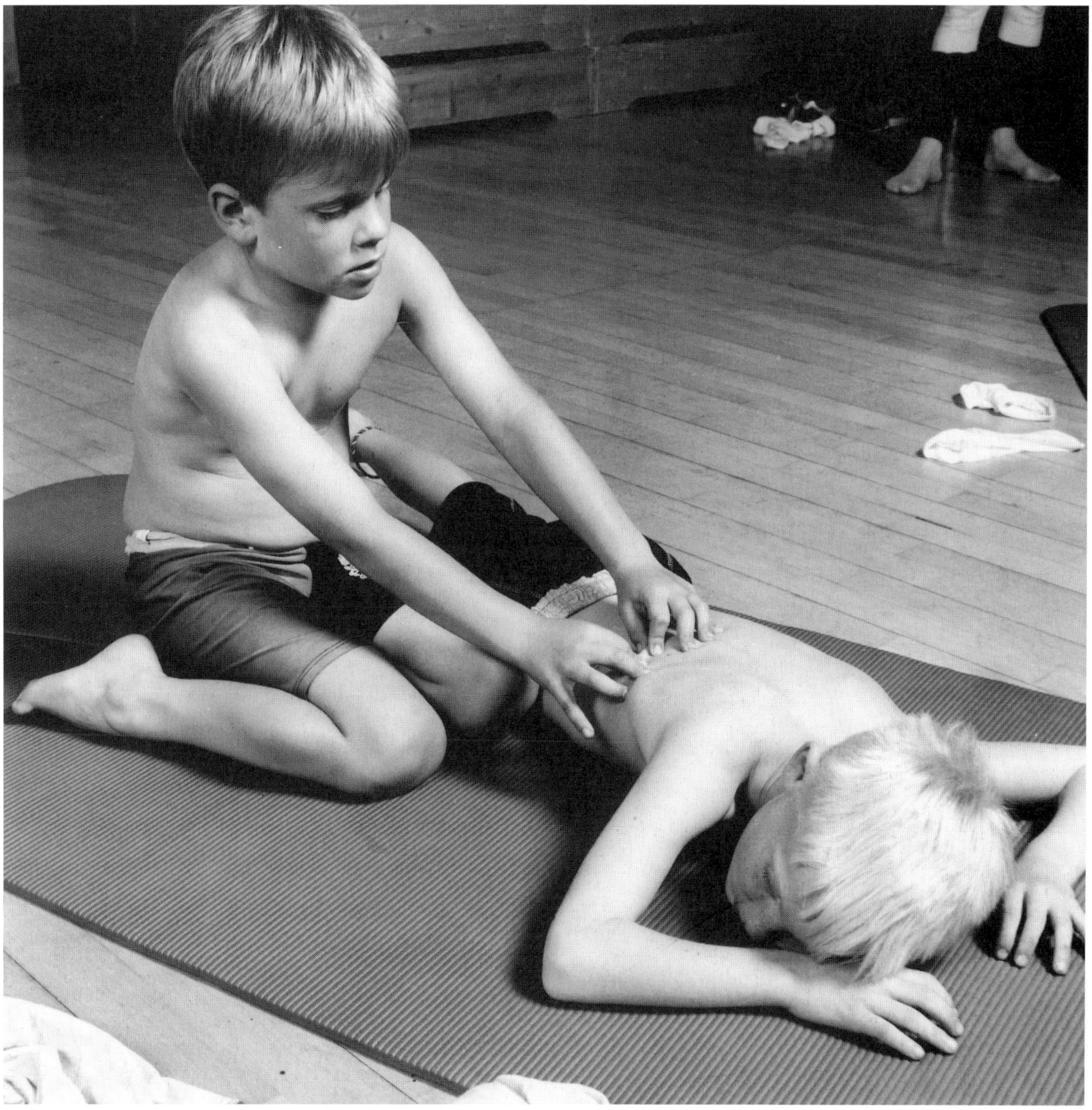

# Voraussetzungen zum Gelingen

## Das Gefühl geht unter die Haut

Unsere Vorstellung
ist die Drehtüre zwischen
Außen und Innen.

*Eine gute Massage sollte immer ein Gemisch aus emotionaler Zuwendung und sicherem Handwerk sein. Richtig dosieren kann man erst, wenn man beides selbst erlebt hat.*

*Emotionale Zuwendung kann soweit vermittelt werden, als sie mit Wertschätzung, Aufmerksamkeit und als das Erleben vom «Da-Sein» bei Mitmenschen umschrieben werden kann.*

Wie können Kinder angeleitet werden, sich auf Massage vorzubereiten? Das Prinzip heißt: **Innensicht statt Außensicht**

Wir geben die Anweisung, zu beobachten, welchen Unterschied beim Ein- und Ausatmen im Innern unserer Nasenflügel zu spüren ist. In dem Moment, wo wir den Temperaturunterschied wahrnehmen, haben wir auf «Innensicht» umgeschaltet, unsere Aufmerksamkeit ist gesteuert, und wir sind konzentriert.

Um dieses konzentrierte Wachsein zu vertiefen, stellen wir uns vor, beim Ausatmen fließe die Wärme jedes Atemstoßes in einen Körperteil. Die Wärmestrahlung wird durch tiefes Atmen und Händereiben aktiviert. Geheimnisvoll ist die Wärmestrahlung, die schon verspürt wird, wenn der Körper noch gar nicht berührt wird. Solch ein Spüren von Wärme baut Berührungsängste ab.

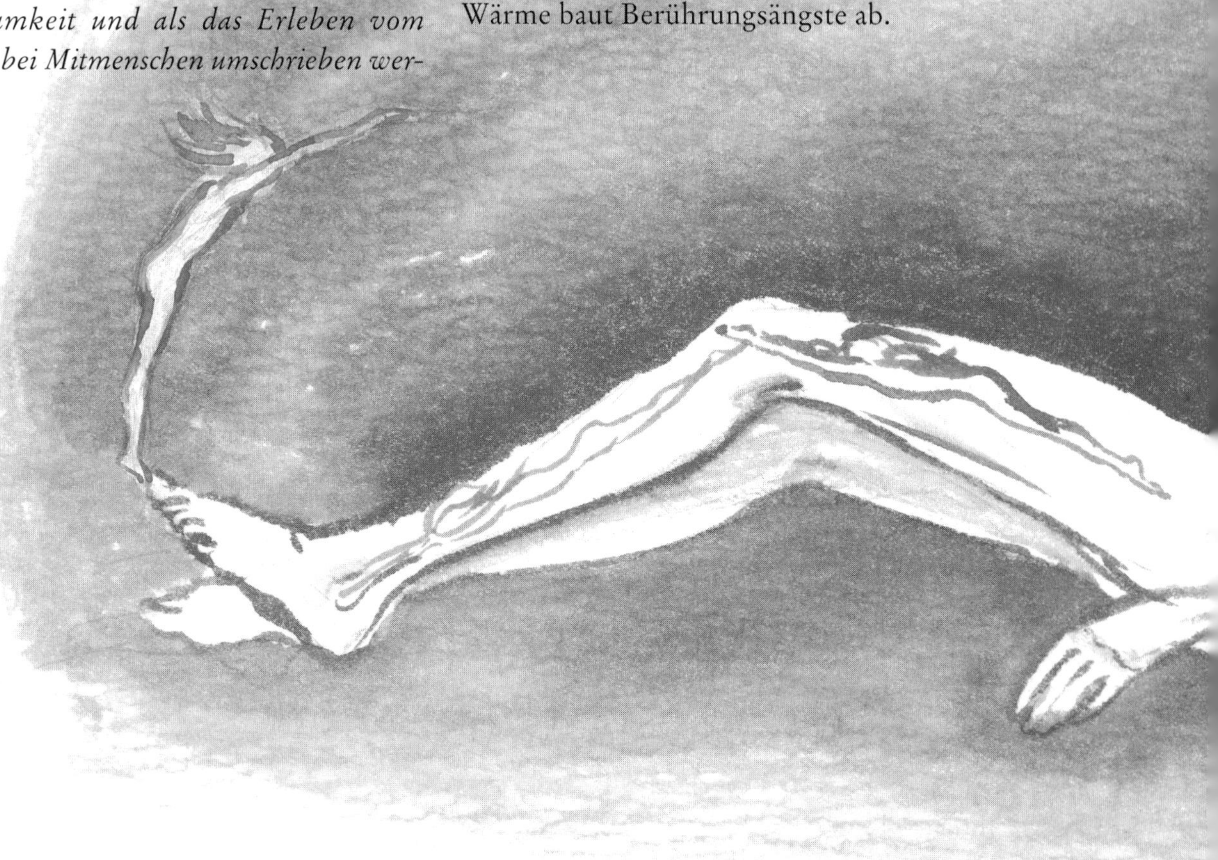

In einer «Atemreise» durch den Körper füllen wir unseren Körper mit Wärme. Wir beginnen bei den Füßen und steigen langsam den Körper hinauf. Dabei wird der Körper entspannt.

Wir probieren beim Einatmen auch aus, ob sich unsere Stimmung verändert, wenn wir uns vorstellen, wie ein Atem-Licht-Gemisch oder gar etwas Sonne durch unser Herz strömt. Vielleicht erkennen wir die anthroposophische Idee als sachgerecht, die besagt, Wärme sei die Brücke zwischen der sinnlichen und übersinnlichen Welt. Das Herz als warm und als innere Sonne zu erleben, ist etwas Schönes.

Sensibilisierte Kinder und Jugendliche könnten ganze Einstimmungsrituale mit Körperreisen entwerfen, auf Tonband sprechen und mit Musik untermalen. Largos und Adagios eignen sich besonders, weil der eigene Atem dazu gut wahrgenommen werden kann. Das gibt wunderbare Entspannungskassetten.

***Phantasiereise auf unserem Atem***

*Wir atmen frische, klare Luft.*
*Sie ist mit hellem Licht gemischt.*
*Wir liegen auf dieser weichen Luft.*
*Beim Einatmen strömen wir durch*
*unseren Bauch hinein in die Lungen.*
*Beim Ausatmen reisen wir in …*
*(Bein, Fuß, Kopf).*
*Am Schluß verlassen wir uns selbst*
*durch die Füße.*

### *Spürst du die Wärme?*

*Kreise mit 3 cm Abstand mit einer Taschenlampe langsam über deinem Bauch. Entferne die Lampe und versuche, das schwächer wärmende Licht immer noch zu spüren. Stelle es dir vor!*
*Reibe deine Hände, bis sie warm sind.*
*Atme dabei tief.*
*Spiele lebendige Taschenlampe.*
*Wiederhole die Übung mit einer Partnerin.*

### *Reise nach innen*

*Lege dich auf den Rücken,*
*schließe die Augen.*

*Achte auf deinen Atem,*
*der deine Nasenflügel umströmt.*

*Beim Einatmen ist er kühl.*
*Beim Ausatmen ist er warm.*

 

## Die 10 Regeln für ein sicheres Handwerk

Massagestriche und Massagegriffe müssen sicher geführt werden, ansonsten wird Massage ungenießbar. Stelle dich auf die Empfängerin ein.

Das geht so:

1. Wärme deine Hände mit Reiben und verstärktem Atmen auf und frage den Empfänger, ob er wirklich berührt werden möchte und bereit ist.

2. Nähere dich dem Körper mit den Händen so, als wären es Magnete, die du bremsen müßtest, damit sie nicht schlagartig vom Körper angezogen werden. Je näher du der Haut bist, umso stärker werden die Kräfte. Dieses Nähern dauert mindestens eine halbe Minute.

3. Lasse deine Hände auf dem Körper ruhen. Passe deinen Atemfluß dem Atem des Empfängers an. Irgendwann wird sich bei dir das sichere Gefühl einstellen, daß du mit dem Bewegen langsam anfangen kannst.

4. Blende deine Bewegungen ein und am Ende der Massage wieder aus. Zackige, unerwartete Bewegungen oder Schmisse wirken lieblos.

5. Der Druck muß kontinuierlich sein. Kinder können diese Steuerung beim Walzen von Lehmwürmern üben. Wird der Lehmwurm rund, wurde mit steter Kraft gearbeitet.

6. Versuche während der ganzen Massage, den Körper des Partners ununterbrochen zu berühren. Diese Regel gilt auch dann, wenn du eine andere Position einnimmst.

7. Es wird oft als unangenehm empfunden, wenn du über den Körper des Genießenden hinüberkletterst, um deine Position zu ändern. Gehe um den Körper herum. Erwachsene sind jedoch heikler als Kinder.

8. Wie du eine Einstimmung gemacht hast, um dich zu nähern, nimmst du auch Abschied. Abschied braucht Zeit. Verlangsame den Schluß des letzten Striches ins Zeitlupentempo. Warte am Ende wieder 30 Sekunden und entferne dann deine Hände, wie wenn du dich vom Magneten sorgfältig lösen müßtest.

9. Lasse dem Empfangenden nach der Massage einige Minuten Zeit, um das gute Gefühl zu genießen.

10. Besprecht miteinander, was beide gefühlt haben. Was war das schönste und warum? Was sollte beim nächsten Mal geändert werden?

### Töpfere auch du wieder einmal!

*Als Jugendlicher oder Erwachsener kannst du deine Kontrolle anregen, wenn du während dem Streichen oder Kneten Töne summst.*

## Die Qualität der Griffe bestimmt die Wirkung

Die verschiedenen Griffqualitäten sind eindrücklich und leicht zu lernen. Am einfachsten werden sie als **Gegensätze** erfahren.

1. Massiere **spitz** mit den Fingerkuppen. Die kleinen Muskeln um das Knie herum verlangen diese Qualität. Wenn der Rücken so bearbeitet wird, kitzelt das komisch. Am Rücken und an den großen Muskeln der Beine mußt du mit der vollen, offenen Hand – **voll** – massieren. Zum Üben eignen sich die Rückseiten der Beine besonders gut.

2. Versuche in stetem Rhythmus, **pulsierend,** zu arbeiten. Schiebe das Fleisch oder Fett – die Substanz, wie man schöner sagt – wie schweres Wasser wellenförmig vor deinen Händen her. Deine Bewegungen sollen **strömend** sein. Das belebt das Gewebe.

   Bei solchen Bewegungen besteht die Tendenz zum Verschmelzen oder zum «Sich-Arrangieren». **Aufrüttelnd,** weckend wirken die Synkopen, die kurz den Rhythmus stören. Sie werden insbesondere bei Schüttelmassagen an Beinen, Armen und Kopf eingesetzt.

3. Beim Kneten auf der Haut kann man **saugende** Bewegungen machen. Die volle Hand macht am Körper während dem Streichen eine Art Vakuum und hebt dabei etwas Substanz ab. Von dieser Bewegung wird gesagt, sie wirke regenerativ, belebend und lösend auf die Psyche ein und verhelfe der Lebenskraft zu neuem Auftrieb.

4. Das Gegenteil dazu sind die **plastischen Griffe,** bei denen man den Konturen des Körpers nachstreicht, ihn nachmoduliert, wie wenn man diesen von seinem Dasein überzeugen möchte. Die körperliche Gestaltung wird nachvollzogen und befestigt. Das ordnet.

   Zügige und plastische Bewegungen wirken elegant und geschmeidig. Sie erfordern weniger, aber gleichmäßige Kraft. Brust- und Bauchmassage sollen so sein.

 

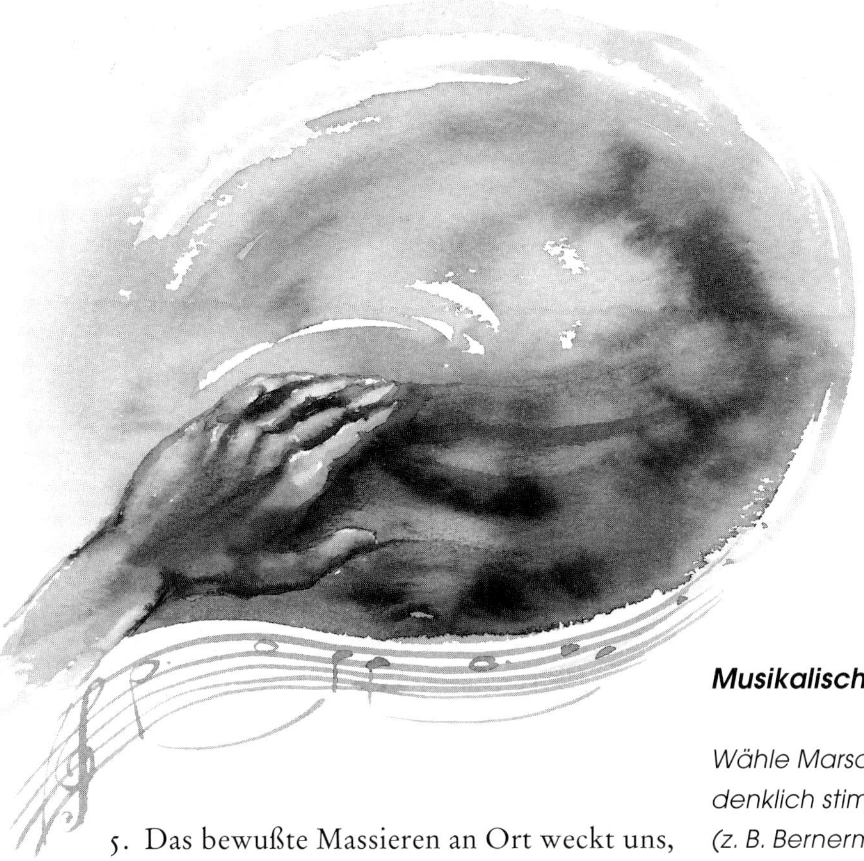

5. Das bewußte Massieren an Ort weckt uns, macht bewußt und klar und löst Spannungen. Spiralförmige Daumenarbeit auf der Schulter ist ein Beispiel für **punktuelles** Arbeiten.

6. **Flächiges Kreisen** auf dem Bauch oder gar nur knapp darüber läßt uns drogenfrei abheben in die Gefühlswelt. In diesem oft erwünschten, bisweilen tranceähnlichen Zustand können Phantasiereisen gemacht werden.

7. Je stärker der Druck, desto langsamer die Bewegung. Im Zeitlupentempo kann ein großer Krafteinsatz als wohltuend empfunden werden. Kleine Kreise (Friktionen) mit dem Daumen auf der Schulter dienen als Beispiel. Dieselbe Kraft würde bei größerem Tempo und größerer Bewegung Schmerz verursachen.

***Musikalisch gestützte Gegensätze***

*Wähle Marschmusik, die ein feines, nachdenklich stimmendes Trio als Mittelteil enthält (z. B. Bernermarsch). Probiere auf der Rückseite des Körpers aus, welche Gegensatzpaare der Griffqualitäten die Dynamik der Musik verstärken. Schließe beim Massieren die Augen. So spürst du besser, was deine Hände tun. Massiere so, wie du die Musik spielen würdest. Massiere genau im Takt, vielleicht einen Hauch zu früh, wie ein guter Dirigent, der damit Impulse vermittelt.*

*Probiere die doppelte Geschwindigkeit aus. Bist du noch immer präzise?*

*Probiere das halbe Tempo aus. Kannst du noch mit gleicher Greifqualität arbeiten?*

*Probiere auch unpassende Griffqualitäten! Besprich die Eindrücke mit deiner Partnerin.*

*Achtung: Musik kann die Rücksichtnahme auf die Empfängerin einschränken. Statt zu sammeln, kann Massage zum zerstreuenden Konsum werden. Willst du das? Besser ist es, wenn beide die Musik kennen und lieben. Man kann sich bei ihr treffen!*

## Rhythmisch-dynamische Hilfe

*Das Geheimnis ist nicht das Metrum, sondern die Dynamik. Mit Dynamik steuern wir das Lebendige, die Kraft.*

Rhythmus ist etwas, das wir mit unserer Innensicht wahrnehmen. Wenn wir ihn beachten, so sind wir auf uns konzentriert und werden weniger von äußeren Störimpulsen abgelenkt.

Die einfachste Ausnutzung dieses Effektes geschieht, wenn wir Massagebewegungen mit dem Atem koppeln. Mit der Massage regen wir den Atem der Empfänger an. Indem wir unseren Atem anpassen, automatisieren wir unser Atemtempo. Unsere Aufmerksamkeit wird entlastet, und wir können die Reaktionen auf unseren Druck und unsere Gleitgeschwindigkeit besser beobachten und regulieren.

Wir können zusätzlich zum Grundrhythmus des Atems einen Formrhythmus einsetzen. Massagebewegungen werden dann rhythmisch ausgeführt. In der schulischen Situation dürften insbesondere harmonisierende und ordnende Elemente wie die liegende Acht eingesetzt werden. Margarethe Hauschka beschreibt den geistigen Hintergrund solcher und weitergehender Arbeit.

Rhythmen können auch sprachlich gefaßt werden. Für kleinere Kinder habe ich Reime und Sprüche gemacht, die zum Massieren geeignet sind.

Das wäre doch eine ganzheitliche Klassenarbeit: An Musikstücken könnte die beruhigende oder weckende Kraft von Rhythmen herausgearbeitet werden.

Galopp und Marsch werden als wekkend empfunden. Weiche Dreitakte werden als geschmeidig und festlich erlebt. Fünferrhythmen werden als ekstatisch erkannt, schwere Jamben als traurig, ja entkräftend.

Sprachliche Lautmalereien können ebenfalls erkundet werden. Größere Schüler und Jugendliche wären wohl bereit zu lernen, wie aus sprachlichem Stroh goldene Zaubersprüche gesponnen werden, deren Rhythmen und Laute das wirkende Geheimnis wären. In der Massage wird dann mit diesen Sprüchen vielleicht folgendes erlebbar:

Durch den Bärenpelz des Menschen beginnt durchzuschimmern, was wir als Seelengold bezeichnen könnten.

### *Das Ausatmen steuert deine Arbeit*

*Deine Partnerin liegt auf dem Bauch.*
*Du kniest hinter ihrem Kopf.*
*Deine Hände liegen auf ihrem Nacken, du atmest gleich wie die Empfängerin.*
*Beim Ausatmen streichst du mit gutem Druck seitlich der Wirbelsäule hinunter bis aufs Kreuz.*
*Ohne auf das Einatmen zu achten, kehrst du etwas seitlich am Körper wieder auf den Nacken zurück.*
*Du wartest auf eine spätere Atemwelle und wiederholst die Übung, solange sie Spaß macht.*

### *Das Einatmen kann unterstützt werden*

*Deine Partnerin liegt auf dem Rücken.*
*Übernimm ihren Atem.*
*Du kniest an ihrer Seite und schaust gegen ihren Kopf.*
*In der Gegend des untersten Rippenbogens – von beiden Körperseiten her – schiebst du je eine Hand unter den Körper.*
*Beim Einatmen hebst du den Körper leicht an.*
*Das regt den Atem an.*
*Beim Ausatmen entläßt du den Körper wieder.*
*Wiederhole die Übung, solange sie Spaß macht.*

*Erfinde Massageübungen: Drachenmutter, Seehund, Esel, Eidechse …*

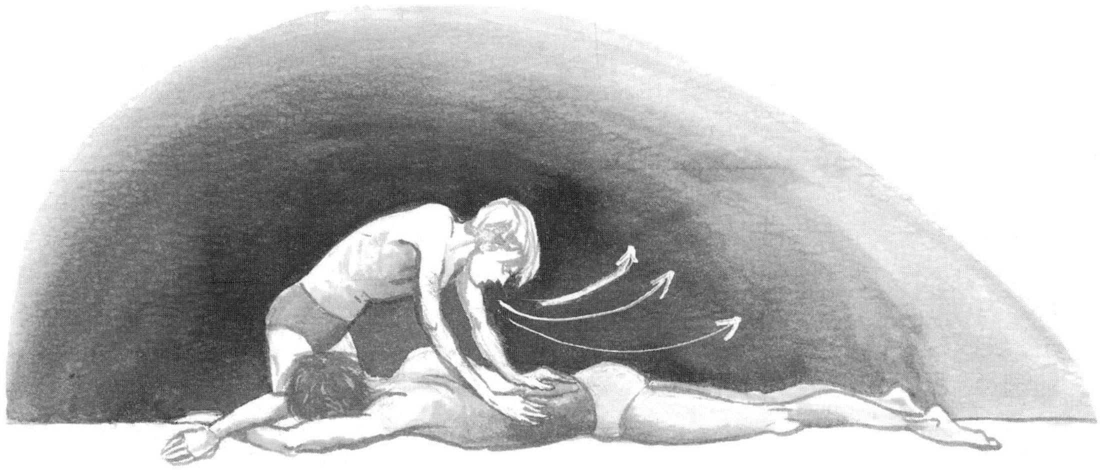

## Der Arbeitsplatz

Unser Arbeitsplatz sollte so gestaltet sein, daß wir einander in Ruhe begegnen können. Man kann in einer Turnhalle eine geschützte Ecke improvisieren. Massage braucht Licht ... und Ungestörtheit. Werden wir ungestört bleiben können? Haben wir wirklich Zeit?

Wollen wir am Pult den Rücken massieren, so genügt es, wenn sich die Empfängerinnen nach vorne legen. Rücken, Schultern und Nacken sind so zugänglich. Das Liegen am Boden kann aber zusätzlich entspannen. Eine dünne Turnmatte oder eine Wolldecke genügen. Vielleicht sind auch Matratzen vom Zivilschutz vorhanden. Der Kopf und die Knie können in Rückenlage bei Bedarf mit einer Unterlage gestützt werden. Massageliegen bieten den Massierenden eine Erleichterung. Die versachlichende Wirkung kann positiv oder negativ erlebt werden.

Die Raumtemperatur sollte insbesondere bei längerer Massage hoch sein. Es ist günstig, zum Zudecken eine Decke oder ein Tuch zu haben.

Körperpflege ist nötig. Geduschte Körper, gewaschene Hände, geschnittene Fingernägel sind ein Ausdruck unserer bewußten Körperlichkeit. Wenn der Bauch massiert wird, sollte die Blase vorher entleert werden.

Die Einstimmungsphase und das Abschiednehmen sollen so lange dauern, daß der Körperkontakt und die Trennung ertragen werden. Eine Massage zu geben erfordert, sich einzulassen.

### Massage mit Öl und Emulsionen

Werden Körperteile nackt massiert, so sollte man ein pflanzliches Öl als Gleitmittel nehmen. Sparsam damit umgehen! Billiges Mandelöl aus der Drogerie eignet sich gut. Man soll es wegen dem Ranzigwerden kühl lagern. Bei Bedarf wird es der Flasche entnommen und temperiert. Man kann es mit Zitronensaft aromatisieren und in Glasaschenbechern servieren. Diese kippen nicht so schnell um. Das Massageöl wird mit den einleitenden Streichungen verteilt. Wer mit Öl arbeitet, muß mit Ölflecken auf den Unterlagen rechnen. Jeder Massierende hat sein eigenes Leintuch.

Fettarme Emulsionen können auch Kinder mischen. Vermengt man Körpermilch mit wenig Eau de Cologne und gibt tropfenweise Paraffinöl hinzu, entsteht eine erfrischende Emulsion.

Zum Hobby kann die Kosmetikaherstellung werden, wenn man die Hobbythek-Bücher von Jean Pütz und Christine Niklas liest.

### Farben und Töne beeinflussen die Stimmung

Auch Farben wirken auf den Körper ein. Soll Massage belebend wirken, helfen warmes gelbes und rotes Licht oder rote Tücher. Die blaue Farbe wirkt beruhigend. Der grünen Farbe wird eine ausgleichende Wirkung nachgesagt.

Sanfte Musik kann die Entspannung fördern. Musik von Kitaro, Deuter und Stephan Micus eignet sich gut. Wer andere Musik oder die Stille vorzieht, soll so arbeiten.

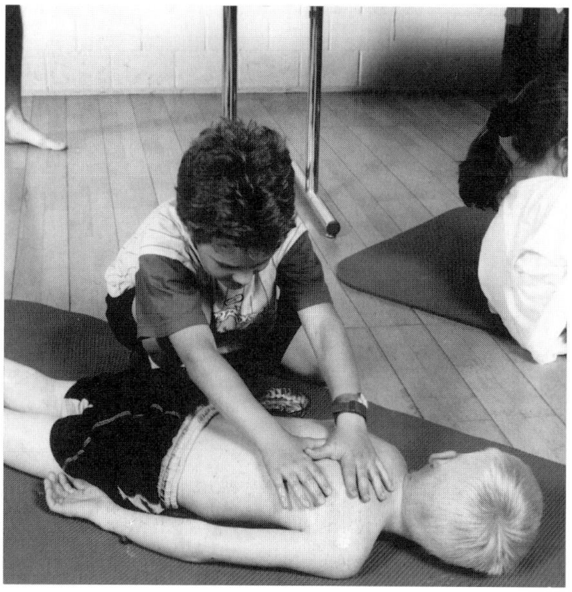

***Rezept für Massageöl***
***gegen Muskelkater***

*Gegen Muskelkater zerquetscht man Wachholderbeeren, Rosmarin, Pfefferminze und Lavendel im Mörser mit wenig Weizenkeimöl und läßt alles einige Tage leicht gekühlt in einer Flasche stehen. Absieben.*
*Ohne Konservierungsmittel wird die Mischung schnell ranzig.*

*Das Pflanzenöl kann auch mit 2–3% der entsprechenden ätherischen Öle versetzt werden. Diese sind nicht problemlos: In konzentrierter Form können sie die Schleimhäute reizen oder sogar die Haut verbrennen. Auch wenn sie verdünnt sind, kann man auf sie allergisch reagieren!*

*Dennoch: Sie riechen gut und haben verschiedene heilende Wirkungen.*

Wir sollten wissen, wie man mit Gefühlen umgeht, wenn sie erwünscht oder unerwünscht sind.

**Die Gefühlsstörung hat Vortritt!**

Es kann vorkommen, daß wir von unserem Massagepartner im Moment überhaupt nicht berührt werden möchten. Dann müssen wir es sagen! Vielleicht kränkt das ein wenig. Aber wir wissen alle, daß Gefühle nur in der Gegenwart gültig sind und vergehen.

Das Prinzip der Gefühlssteuerung ist einfach:

Gefühle sind an den Körper, insbesondere an die Körperspannung gebunden. Das Kontrolliertsein ist unser Normalzustand. Alles was in Richtung verkrampfen geht, verhindert, daß die Gefühle hervorkommen. Wir

können uns das so vorstellen, daß unsere Energie zurückgehalten bleibt.

Es gibt drei Mechanismen, wie unsere Energie reguliert werden kann.

Wie bremsen wir uns?

1. Mit Verspannen der Beckenmuskulatur.
2. Mit Zurückhalten der Atemtätigkeit.
3. Mit Steifwerden der Hals- und Schulterpartie, was auch dazu führen kann, daß die Stimme versagt.

Lösen wir die drei Energiesperren mit Entspannen, werden die aktuellen Stimmungen verstärkt. Es kommt öfters vor, daß eine Sperre blockiert, wenn eine andere gelöst wird.

Das Wunder des gegenseitigen Blickes durch die Augen in die Seele kann mit Liebe zu tun haben. Wegsehen schützt vor zuviel Nähe oder gar vor dem Verlieben.

Die Gefühle zu bewerten, ist etwas ganz Wichtiges in unserem Leben. Wir stellen uns dabei auf einen neuen Standpunkt. Möglicherweise ist diese Fähigkeit die einzige Freiheit des Menschen. Ältere und neuere Techniken der Psychotherapie bedienen sich dieses Mittels.

Psychosmog spüren sensible Menschen, wenn sie Leute mit seelischen Problemen massieren. Händewaschen schafft Abhilfe.

### *Energiedosierung*

*Wir heizen Gefühle an:*

1. *Stark atmen.*
2. *Muskeln locker lassen (Hals, Schulter, Becken).*
3. *Stimme brauchen.*
4. *Augen schließen.*
5. *Rhythmus auskosten.*

*Wir bremsen Gefühle:*

1. *Atem bremsen.*
2. *Fäuste machen (pumpen!).*
3. *Stimme verstummen lassen.*
4. *Augen öffnen.*
5. *Aufsitzen oder aufstehen.*

### *Wir bearbeiten unsere Gefühle*

*Gefühle festhalten:*
*Voll eingeatmet den Atem einige Augenblicke anhalten.*

*Gefühle «löschen»:*
*Voll ausgeatmet die Gefühle abflachen lassen.*

*Gefühle bewerten:*
*Wir machen unsere Gefühle bedeutsamer oder unwichtiger, indem wir die betreffenden Realitäten bewerten. «Gar nicht so schlimm!» «Jeden Tag geht es in jeder Hinsicht ein gutes Stück besser!»*

*Gefühle zulassen:*
*Zwei Personen schauen sich in die Augen und atmen gemeinsam.*

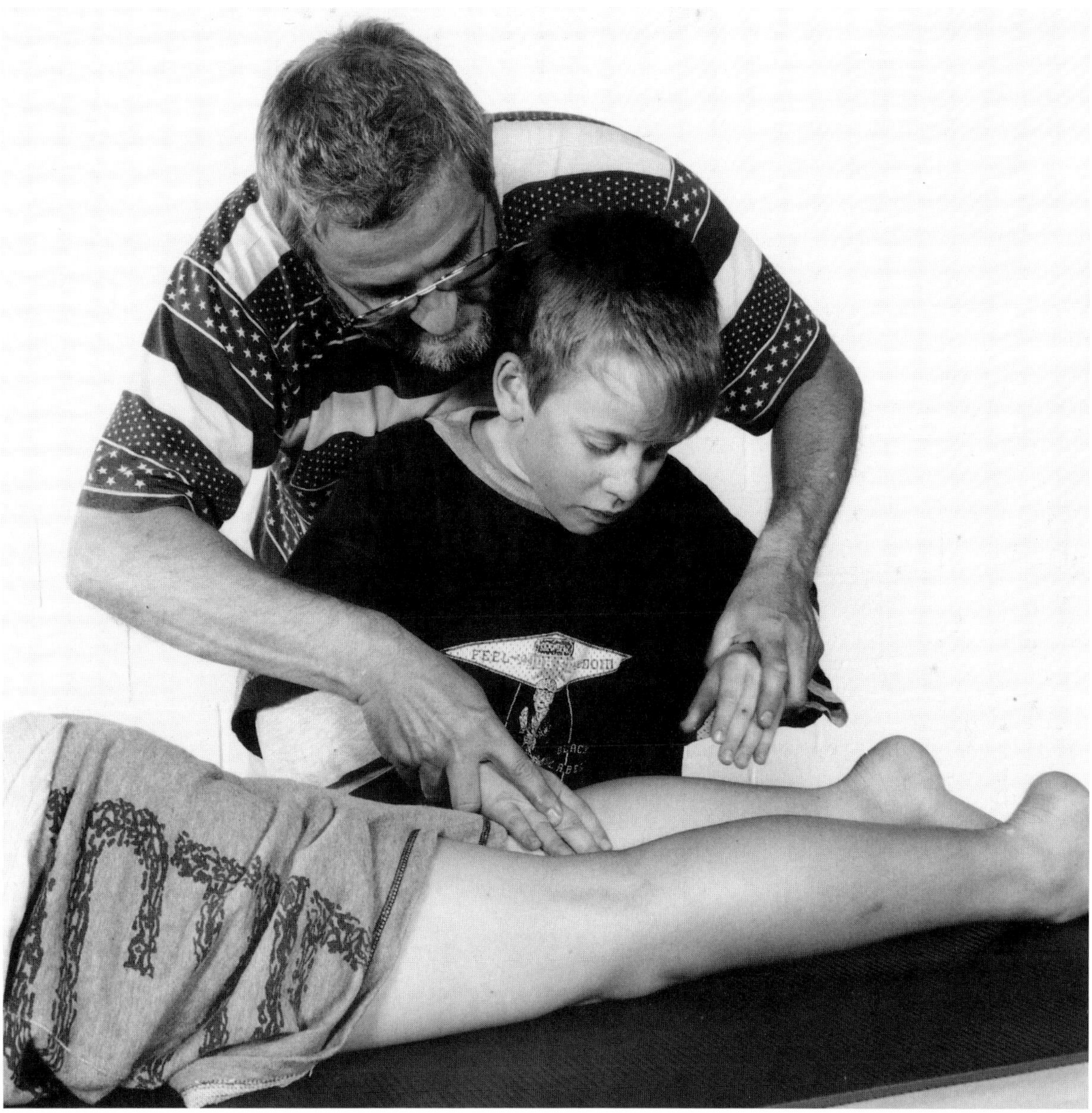

# Grundgriffe der Massage

*Wir lernen in diesem Kapitel Grundgriffe kennen, mit denen der ganze Körper massiert werden kann.*

*Es ist der Empfängerin oder dem Empfänger angenehm, wenn einigermaßen systematisch massiert wird, das heißt, wenn erkannt wird, daß beispielsweise der linke Arm wie der rechte behandelt wird. Die Kontinuität und Wiederholung geben Sicherheit und beschleunigen die Entspannung.*

*Beim Üben ist unsere Aufmerksamkeit auf Atem und Gegendruck von Haut und Muskulatur gerichtet.*

*Massieren heißt: mit den Händen sehen. Übe darum auch immer wieder mit geschlossenen Augen.*

## Das Streichen (Effleurage), leises Einstimmen ins Ausatmen

### Eine passende Vorstellung

**Unsere Hand ist wie ein Schiff auf dem Wasser. Durch das leichte Eintauchen in das weiche Element spüren wir die Bugwelle, die wir sanft fortschieben.**

Ein Strich wird gleichmäßig, leicht und elegant, aber kontrolliert, mit offenen, flachen Händen gemacht. Mit abgespreiztem Daumen wird eine größere Fläche massiert. Der Druck der einzelnen Handteile ist gleichmäßig.

Variante: mit dem ganzen Unterarm über den Rücken streichen.

Je nach Größe des Körperteils wird mit beiden oder auch nur mit einer Hand massiert.

Guter, fortwährender Hautkontakt ist sehr wichtig und gibt das Gefühl der Verbindlichkeit.

Die Streichungen sollen an beiden Körperhälften gemacht werden. Wir sind ja symmetrisch. Das gleicht Körperspannungen aus.

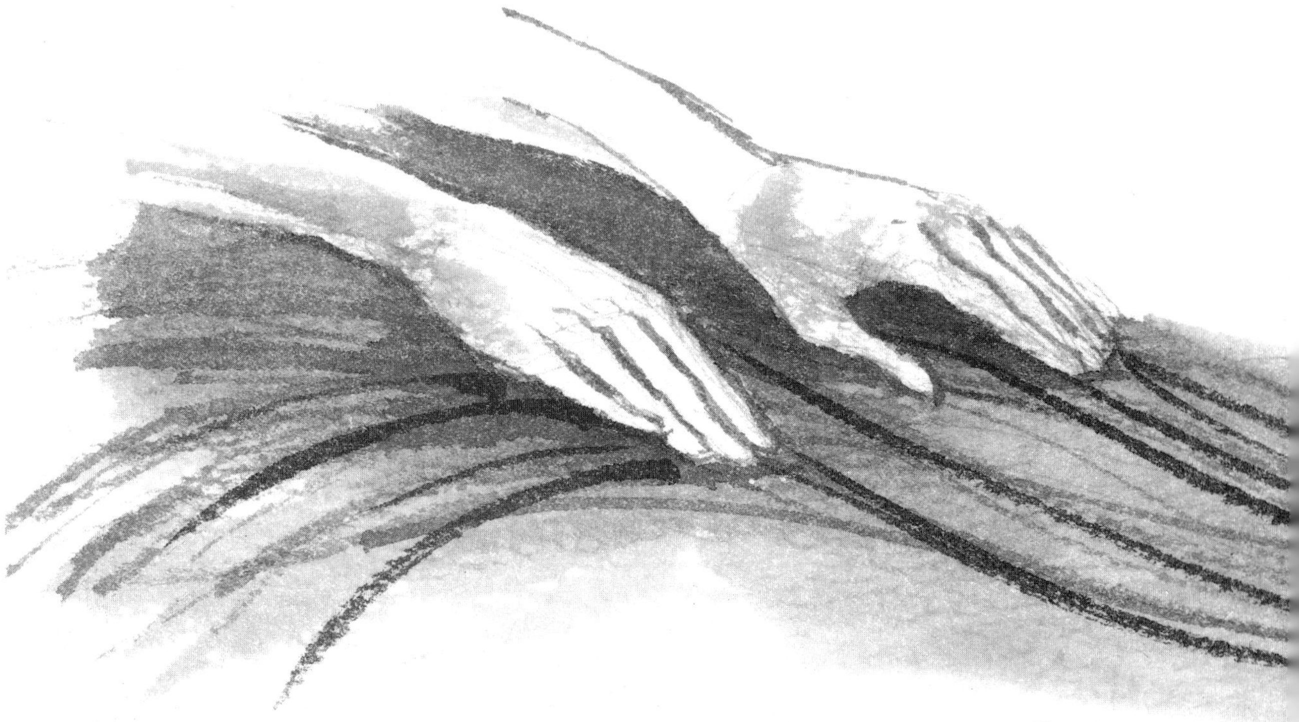

**Einleitendes und abschließendes Streichen** erfolgt längs der Muskelpakete:

Die einleitende Streichung erfolgt vor allen andern Griffen und wirkt leicht anregend, weil Lymphe und Blut von der Peripherie gegen das Herz geführt werden. Dabei wird auch gerade etwas Gleitmittel aufgetragen und verteilt. Drei einleitende Streichungen pro Körperteil genügen.

Mit abschließenden Strichen wird der ganze Körper von oben nach unten ausgestrichen. Das beruhigt und holt uns auf den Boden zurück.

Wir können jedes Überfahren des Körpers als Streichen bezeichnen. Vom Verteilen von Streicheleinheiten über wärmende und harmonisierende Achterschleifen bis zum machtvollen, suggestiven «Austreiben» ist alles möglich. Gut ist, was sich gut anfühlt.

Nach anthroposophischer Ansicht betonen und bestätigen wir mit Streichen die Form des Körpers und damit sein Dasein.

***Die wunderbare Hand: Ziehe! Stoße! Gleite ohne Druck zurück!***

*Nimm einen Schenkel in deinen Schoß. Halte ihn mit der einen Hand fest. Streiche mit allen Möglichkeiten deiner Hand:*

- *Abgespreizter Daumen - angelegter Daumen*
- *Daumenballen - Handkante*
- *Handwurzel - Fingergelenke der Faust*
- *Kuppe des Daumens - Kuppen von Zeige-, Mittel- und Ringfinger*

***Fragezeichen über den ganzen Körper***

*Mit den Händen werden Fragezeichen mit langen Stielen auf den Körper gestrichen.*
*Die Rundungen werden besonders angenehm, wenn die Handfläche beim Beginnen an Ort dreht.*
*Während eine Hand noch streicht, setzt die andere Hand handbreit unter der Rundung ein.*
*Es entsteht das Gefühl eines ewigen Striches.*

## Das Reiben (Friction) ist gründliches Einwirken

### Eine passende Vorstellung für punktuelles Reiben

- **Konzentrisch: Spiraliges Versinken in einen Trichter hinunter.**
- **Exzentrisch: Spiraliges Anschwellen eines Tones, der sich dann verliert.**

### Vom Streichen zum flächigen Reiben

Geben wir beim Streichen sehr viel Druck und erfassen auch tiefere Gewebeschichten, so wird aus dem Streichen ein Reiben. Daumen, Daumenballen, Handwurzel und Handkante werden stärker belastet.

### Das punktuelle Reiben geht in die Tiefe

Durch einzelne oder mehrere Fingerkuppen, durch die Handwurzeln, Fäuste oder Ellbogen wird punktuell tiefer auf das Gewebe eingewirkt. So können Verhärtungen aufgelöst werden. Auch der Blutkreislauf wird angeregt, was eine Erhöhung der Sauerstoffzufuhr bewirkt. Flächig eingesetzte Reibungen lösen auch Muskelkater auf. Dieses spiralige Eintauchen sollte zusammen mit dem Ausatmen geschehen.

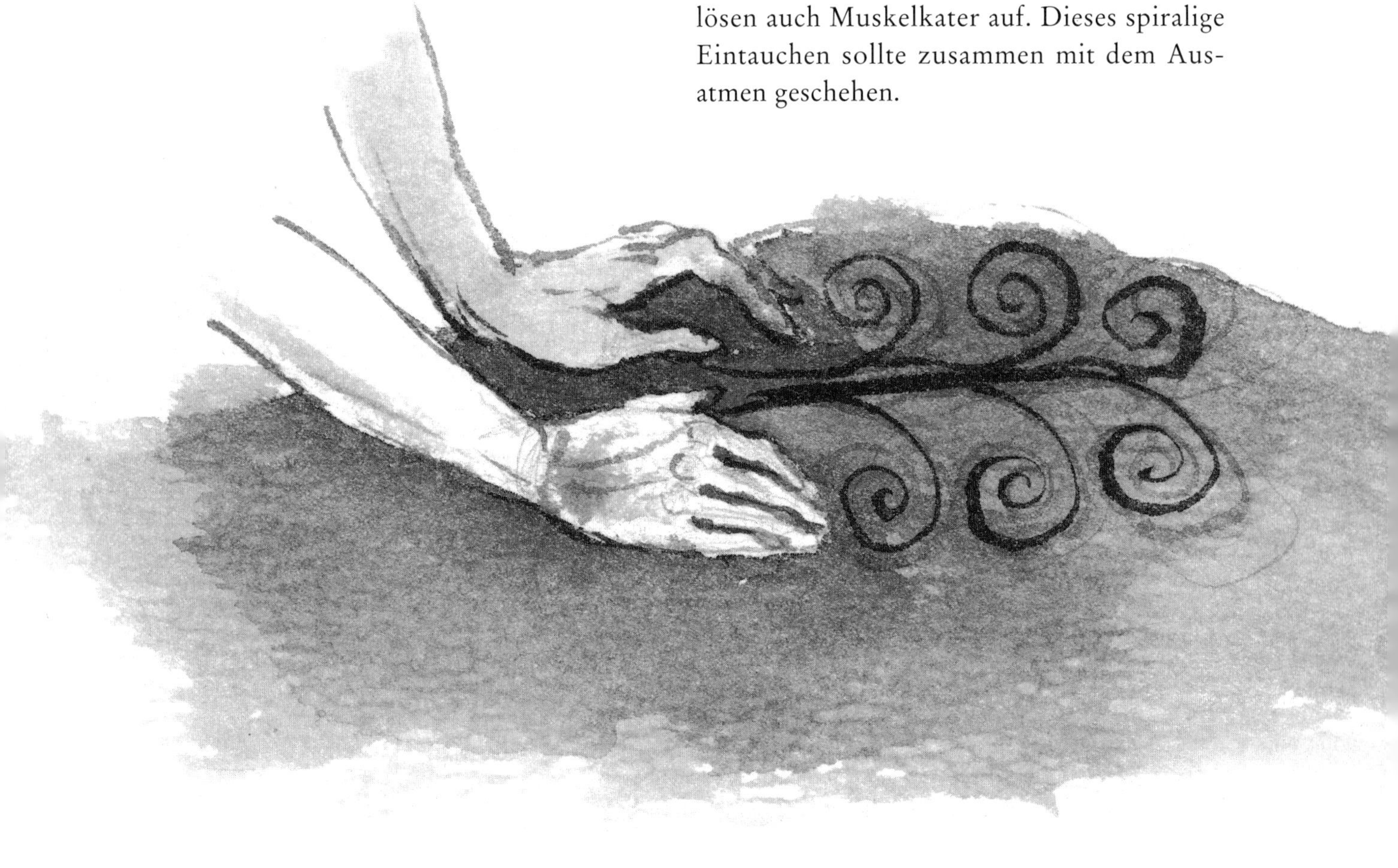

Reibungen mit Fingerkuppen eignen sich speziell dem Rückgrat entlang. In aufsteigender Richtung soll neben und zwischen den Rippenhöckern gekreist werden. In der Regel wirkt die Arbeit am Rückgrat belebend und intensiviert die Gefühle. Eine Friction eignet sich auch für Kopf-, Hand- und Fußmassage.

Als Form der Reibung eignet sich die Spirale. Die Muskulatur wird längs und quer bearbeitet. Je nach Ort können die Spiralen klein oder groß massiert, kann langsam oder schnell gearbeitet werden. Die Geschwindigkeit sollte aber immer gleich sein. Mit dem Variieren der Dynamik kann die Intensität geändert werden.

Kreise statt Spiralen sind um die Fuß- und Handgelenke mit außerordentlich starkem Druck möglich. Hier ist der Druck insbesondere wichtig, damit nicht auf der Haut gedreht wird, sondern in den Schichten unter der Haut.

### Spezialfall Pression

Drücken wir, ohne zu bewegen, machen wir eine Pression.

Spezielle, kleine Druckpunkte der Akupressur heißen **Tsubos.** Wir können unser Wohlbefinden oder gar unsere Gesundheit damit beeinflussen. In China werden die Schülerinnen und Schüler in der Volksschule gelehrt, wie man sich so die Augen stärkt. Shiatsu bedient sich insbesondere der Akupressur.

Große Pressionen können wir mit beiden Händen um die Arme, Beine und Füße herum machen.

### *Bindegewebemassage am Rücken*

*Beide Daumenspitzen berühren einander. Sie stoßen tief in den Muskel und gleiten dabei ganz langsam vorwärts. Die lockeren Finger krabbeln dem tief arbeitenden Daumen voraus und führen diesem obere Gewebeschichten zu.*
*Auf dem Rücken hat es Platz für 6 oder 8 Passagen. Man beginnt beim Kreuz und endet auf den Schultern.*
*Dieser «Raupenfraß» hinterläßt rote Spuren, die bald vergehen.*

### *Fußmassage «Steigbügel»*

*Ergreife einen Fuß mit beiden Händen. So ist er wie von einem Steigbügel gehalten. Deine Daumen sind auf dem Fußrücken nebeneinander.*
*Die Finger treffen sich an der Fußsohle. Presse nun von unten pulsierend in das Fußgewölbe. Beginne bei der Ferse.*

**Das Kneten (Pétrissage) kennt die Ewigkeit**

**Es weckt das Schlafende im Menschen**

Kneten ist eine rhythmische, kreisende Schleifenbewegung. Das Gewebe wird mit der vollen Mittelhand angesaugt, durchgetastet und dann entlassen, bis der nächste Griff angesetzt wird. Das saugende Anheben muß möglichst zähflüssig geschehen. Das pulsierende, fortschreitende Greifen folgt dem Muskel.

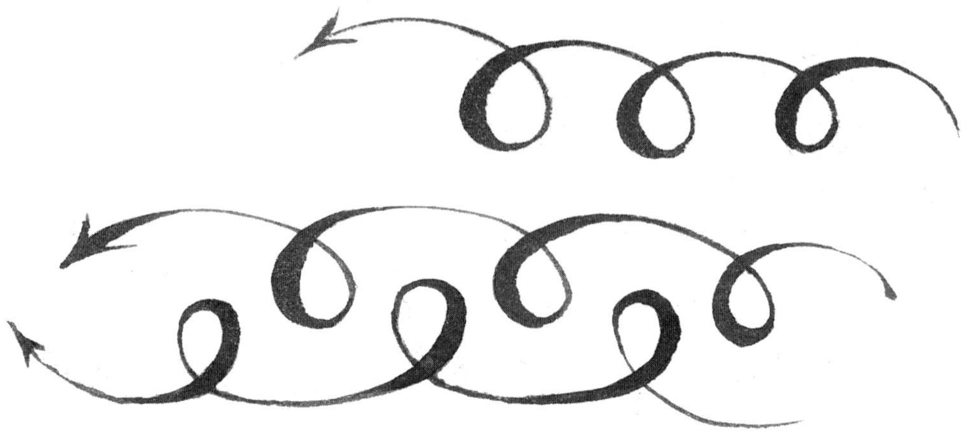

**Vorstellungen:**
**Kneten mit einer Hand**

**Die Finger holen einen vollgesogenen Schwamm aus dem Wasser, der Daumenballen drückt ihn aus.**

**Intermittierendes Kneten mit beiden Händen**

**Deine Hände bewegen eine Kugel auf der Bahn einer liegenden Acht vor dir. Dein Körper macht selbst Achterschleifen.**

**Beide Hände ziehen aus einem Brunnen das Seil herauf, an dem ein voller Wassereimer hängt.**

Mit beiden Händen wird intermittierend (unterbrochen, abwechslungsweise) geknetet. Das ergibt zwei Kreise, die einander folgen und sich durchdringen. Man knetet die Muskeln in Längs- wie auch in Querrichtung mit festem Griff. Nach dem ersten Durchgang kann auch eine Art weite Friction mit der Handwurzel dasselbe Gebiet bearbeiten. Es wird ruhig gearbeitet.

Kneten sehnt sich nach intensiver Arbeit. Es eignet sich fast überall am Körper. In Bauchlage läßt sich angenehm von den Waden bis zu den Schultern kneten.

Damit das Kneten angenehm bleibt, hält die Massierende die eigenen Ellenbogen seitlich hoch.

Ist der Massagetisch zu tief, hilft eine Grätschstellung der Massierenden besser als knien.

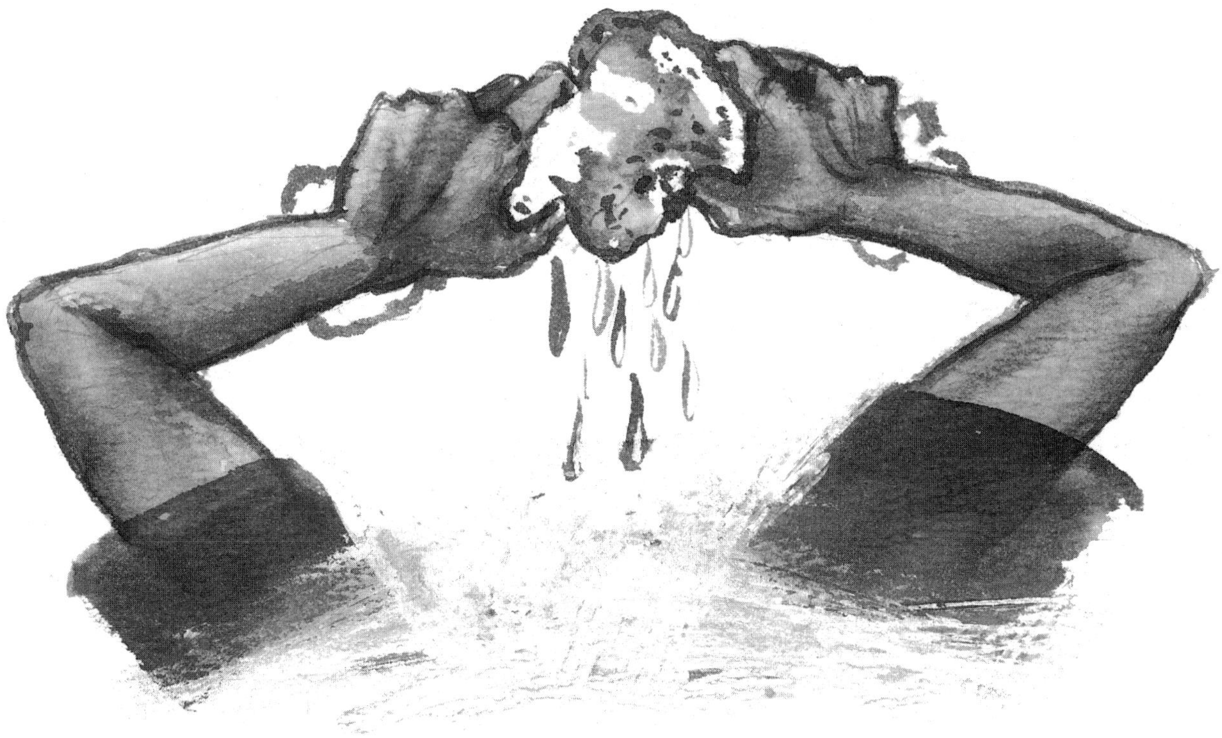

### Spezialfall Walken (Foulage)

Das Walken (Foulage) ist gesteigertes, noch stärker saugendes Kneten. Dabei wird versucht, eine ganze Muskelpartie abzuheben. In der Rückenlage können am aufgestellten Bein der Oberschenkelmuskel und der Wadenmuskel gewalkt werden. Auch kann ein queres Kneten der Bauchdecke zum Walken gesteigert werden.

Trotz intensiverer Arbeit, welche die Gewebeschichten «lüftet», muß sorgfältig gearbeitet werden. Die Muskeln müssen sich an die Intensität gewöhnen.

Die Sprache der Musik hilft uns: Wir beginnen mit einem Crescendo und verstummen mit einem Decrescendo.

***Kneten: Selbstmassage***

*Lasse deinen Kopf auf deine Schulter fallen.*
*Greife mit der rechten Hand auf deine linke Schulter.*
*Knete den Muskel vom Schulterblatt an, bis hinter dein Ohr. Atmen nicht vergessen.*
*Wechsle die Seite.*

***Walken: Selbstmassage***

*Wir sitzen am Boden und winkeln ein Bein an.*
*Wir fassen den Oberschenkel seitlich mit beiden Händen, fixieren die Haut und kreisen parallel.*
*Wir beginnen nahe beim Schritt.*
*Wenn wir 8 x gekreist haben, versetzen wir die Hände handbreit gegen das Knie.*

## Schütteln (Vibration) und Dehnen führen zur Gegenwart

### Eine passende Vorstellung

**Der Körper ist ein voller, träger Wassersack. Den wollen wir sanft zum Schwingen bringen.**

Mit Schütteln und Dehnen verlassen wir die klassischen Grundformen der Massage. Da jedoch beide Massageformen wohltuend und auch für Kinder geeignet sind, werden sie hier aufgeführt. Insbesondere Entspannungsübungen während des Turnunterrichts bestehen aus Schütteln und Dehnen. Es ist Selbstmassage und Partnermassage möglich.

Wir arbeiten mit der Trägheit der Körpermaße und dem Phänomen, daß sich nach einer Dehnung der Muskel elastisch zusammenzieht. Der Körper federt, wenn wir ihn zum Schwingen bringen. Die Massierenden spielen mit der Resonanz des Körpers.

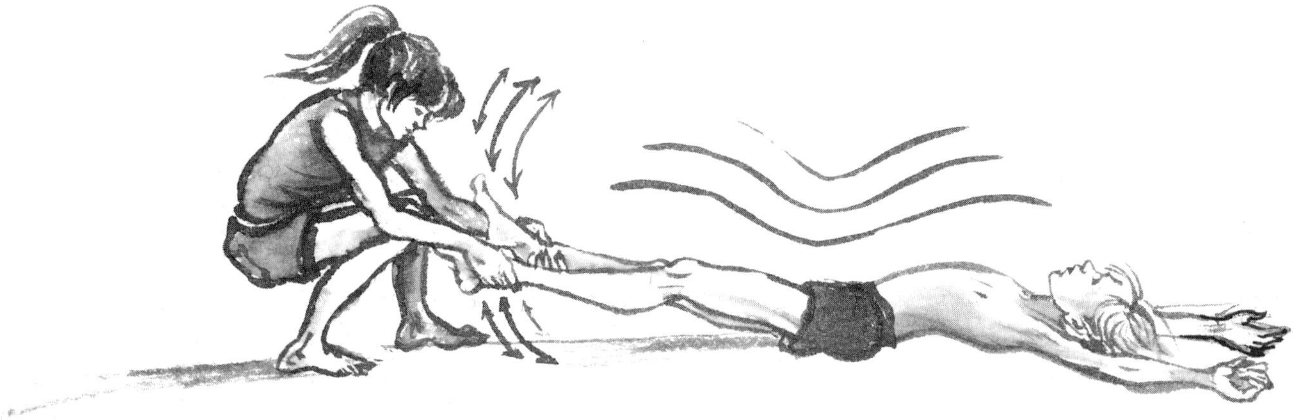

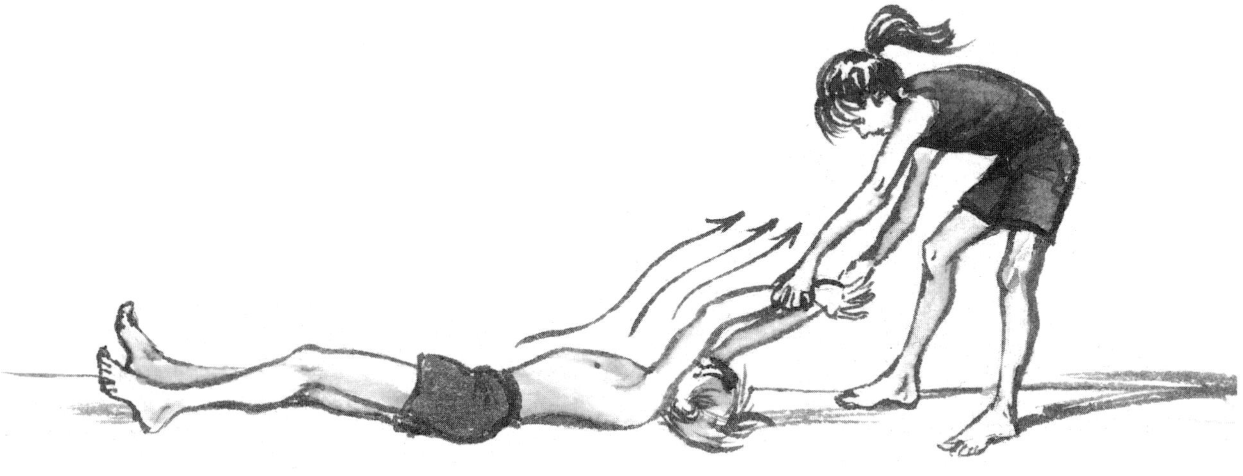

Das Schütteln eignet sich deshalb gut, weil an der Peripherie gearbeitet werden kann, aber gleichwohl Wirkungen im zentralen Bereich des Körpers erzielt werden. Beispielsweise kann mit dem Arbeiten am Bein die Wirbelsäule gelockert werden.

Beine und Arme werden bei den Gelenken ergriffen und in Bewegung gesetzt. Ziehen ist angenehmer als stoßen.

Aber auch in der Quere sind Schüttelungen einfach zu machen. In Bauchlage kann mit Druck auf das Kreuzbein oder auf den Lendenwirbelbereich eine seitliche Bewegung aufgeschaukelt werden. Wir lassen die Bewegung langsam ausklingen. In der Rückenlage finden die Massierenden Griff an den aufstehenden Beckenknochen.

Nicht vergessen dürfen wir den Kopf. In Rückenlage wird er von den Massierenden in die Hände genommen. Auf diesem neuen Kissen wird nun sanft am Kopf gezogen und versucht, eine Resonanz zu erzeugen. Der Kopf kann zudem seitlich gedreht und geschüttelt werden. Auch ist ein leichtes Ziehen möglich.

### *Schütteln und Dehnen*

*Die Empfängerin liegt ausgestreckt auf dem Rücken. Die Arme sind in der Hochhalte. Die Massierende steht bei den Füßen, hebt die Fesseln etwa 30 cm hoch und schüttelt sie parallel auf und ab.*
*Das Tempo ist richtig, wenn die Beine leicht federn. Während dem Schütteln werden die parallel geführten Beine nach rechts und links verschoben, was die Hüftgelenke seitlich mobilisiert.*
*In die Mittelstellung zurückgekehrt, wird das Schütteln beendet, und die Beine werden sorgfältig abgelegt.*

*Die Massierende geht nun zu den Händen und ergreift die Handgelenke.*
*Sie hebt die gestreckten Arme und achtet auf den Atem der Empfängerin.*
*Beim Einatmen zieht sie so fest an den Handgelenken, daß der Körper auf dem Boden fast zu rutschen beginnt.*
*Mit dem Ausatmen läßt sie die Streckung los. Das wird während einigen Atemzügen gemacht. Dann werden die Arme sorgfältig abgelegt.*
*In Turnen und Sport rundet diese Übung die Arbeit ab.*

*Ziehen an einem Bein löst Verspannungen im Rücken. Das Bein wird wie ein Glockenseil gezogen und der ganze Körper sachte zum Schwingen gebracht. Dabei wird mit einer Hand die Wade gestützt.*
*Nach dem Ausklingen das Bein sorgfältig ablegen und das andere auch behandeln.*

## Das Schlagen (Tapotement) öffnet eine Tür und belebt

### Das Tapotement umfaßt Vibrations- und Klopfmassage

Es dient der Lockerung oder Reizung der Muskeln.

**Die Vibration** wird auch Zitterschüttelung genannt. Mit der offenen Hand oder den Fingern wird seitwärts auf das Gewebe eingewirkt. Eine Zitterschüttelung kann an Ort bleiben oder vorwärtsgehen. Auf dem Rücken wird auf beiden Seiten an Ort, je nach Breite des Rückens in 3–5 Abteilungen vibriert. Wegen der großen Fläche arbeitet die ganze offene Hand.

Zwischen Schulterblatt und Wirbelsäule hat es wenig Platz. Dort vibrieren nur die Fingerspitzen und steigen, je nach Platz mit größerer seitlicher Bewegung, nach oben.

Vibration kann für die Massierenden sehr ermüdend sein. Daher werden insbesondere im Sportbereich für diese Massage oft elektrische Geräte verwendet. Die Intensität der Geräte ist zwar wesentlich größer, aber das manuelle Vibrieren ist ebenso wohltuend.

**Beim Zupfen** werden Hautpartien der Oberfläche leicht abgehoben und dann fallen gelassen. Es wird zur Lockerung nach starkem Reiben oder Kneten verwendet.

Die letzten drei Griffe finden als Abschluß der Massage ihren Platz:

**Beim Klopfen** (Tapotement) wird eine Hand als Polster benützt. Die andere klopft also indirekt.

**Beim Klatschen** müssen beide Hände locker sein.

**Beim Hacken** (Hachement) wird nicht Karate gespielt oder Handkantenschlag ausgeteilt, sondern mit lockeren Fingerspitzen von Mittel-, Ring- und Kleinfinger und lockeren Handgelenken leicht federnd gearbeitet.

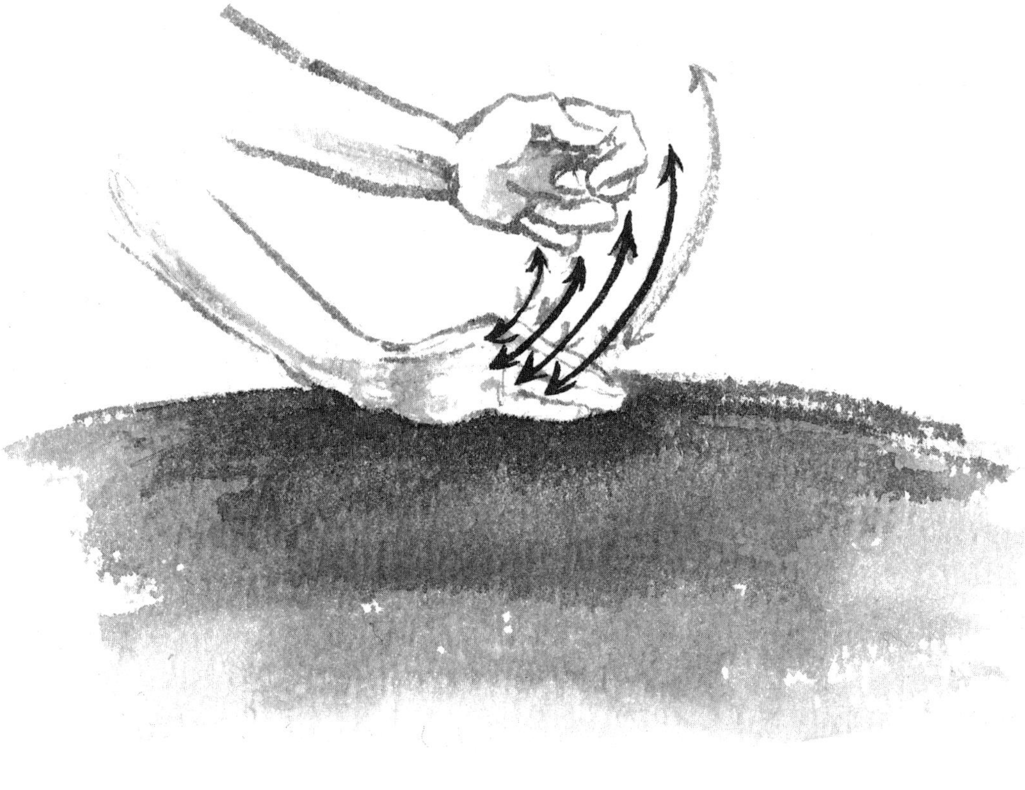

# Übungen für Jugendliche

Wähle aus!
Kombiniere!
Erfinde!

Beide Körperhälften behandeln.
Unser Körper ist symmetrisch.

Unter der Haut sind Muskeln.
Wir halten uns an deren Verlauf.

Es soll herzwärts massiert werden.

Massage lebt auch von der
Wiederholung der Griffe.

 

## Möglichkeiten in Bauchlage

### Schultern und Rücken

**Kombinierte Streichung** (geht auch in Rückenlage)

Die Empfängerin liegt auf dem Bauch. Die Massierende kniet nahe hinter dem Kopf.

Beide Hände warten auf den Schultern, seitlich der Wirbelsäule. Beim Ausatmen tauchen die Hände langsam, in einem Zug den Rücken hinunter bis aufs Kreuz. Satt am Körper anliegend gehen die Hände auseinander bis zu den Körperseiten und kommen seitlich zurück bis auf die Schulterblätter. Von den Schulterblättern streichen sie über die Arme hinunter bis zu den Händen und warten dort. Die Striche werden wiederholt.

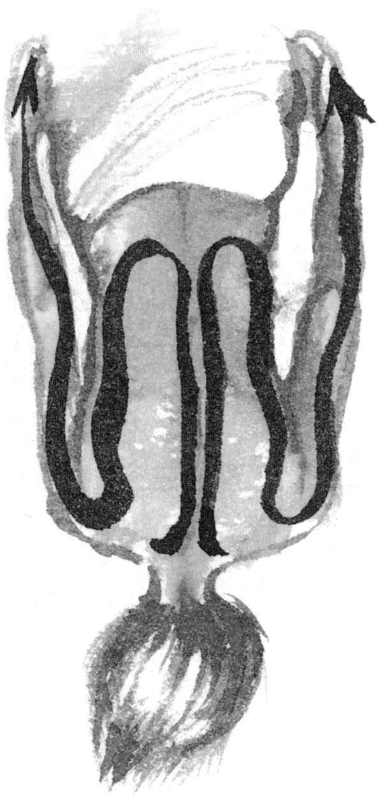

Besonders auf den Schultern muß der Druck während dem Streichen sicher sein.

Auf Schulterpartie und Nacken macht man parallele **kleine Rotationen** mit dem Daumen. Je tiefer massiert wird, desto langsamer muß die Bewegung sein.

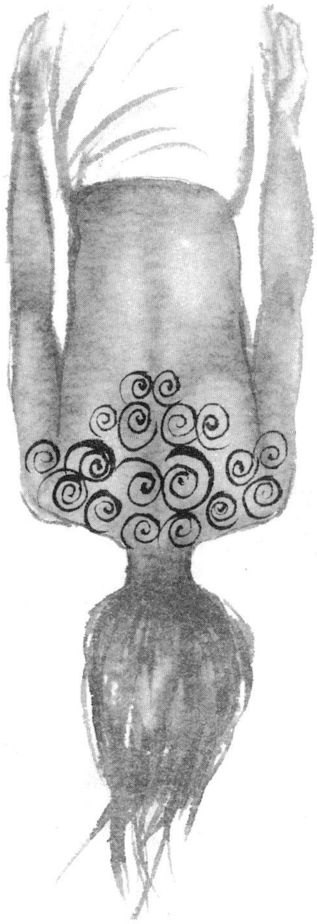

**Kneten und flaches Rotieren** der Gesäßbacken.

Mit beiden Händen wird **Druck auf das Kreuzbein** gegeben und verweilt.

Beim Massieren am Boden:

Beim Zurückziehen der Arme soll die Massierende aus dem Kniestand möglichst schnell wieder auf den Fersen sitzen. Das entlastet den Rücken.

**Schräge, intermittierende Züge** über den Rücken hinauf. Linke und rechte Hand wechseln ab.

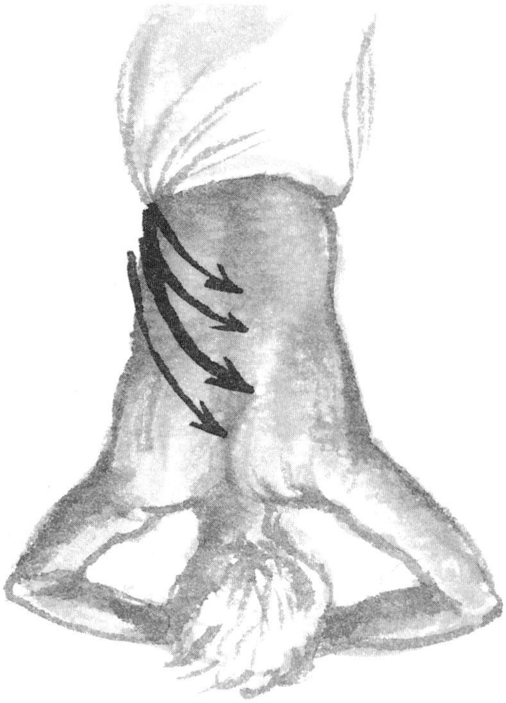

**Mit Druck wird eine «ewige Achterfigur»** auf den Rücken gestrichen, die nach unten immer kleiner wird. Auf dem Kreuzbein wird verweilt, einige Atemzüge lang gedrückt. Der Druck geht gegen die Zehen hinunter und nicht durch das Becken hindurch in die Erde (vergl. MARGARETHE HAUSCHKA, 1978).

Die Schleifen der «ewigen Acht» fassen die Körperhälften zusammen. So entsteht das Gefühl, ganz und ausgeglichen zu sein.

Auch wenn Schultern und Rücken im Rahmen einer Teilmassage behandelt werden, wird der ganze Körper mit abschließenden Strichen – von den Haaren bis zu den Füßen – langsam, weich und sorgfältig «zugedeckt».

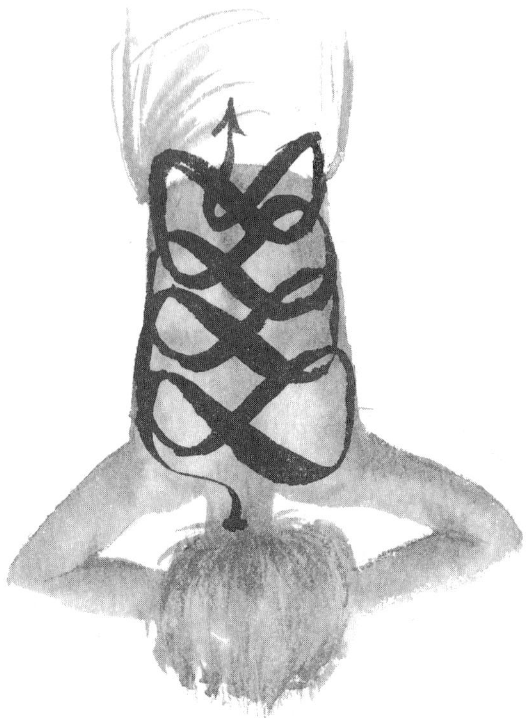

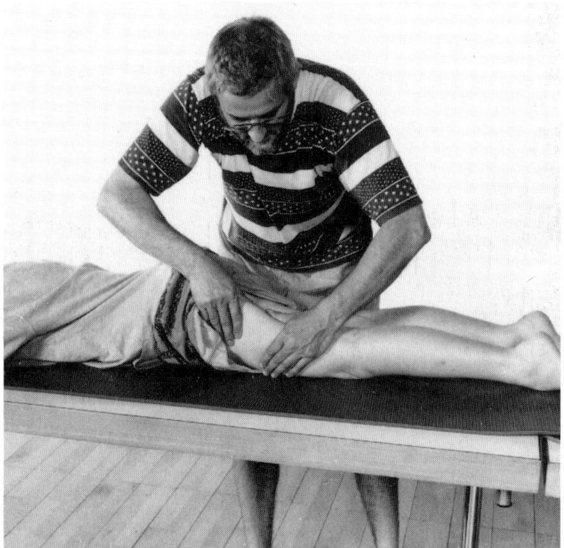

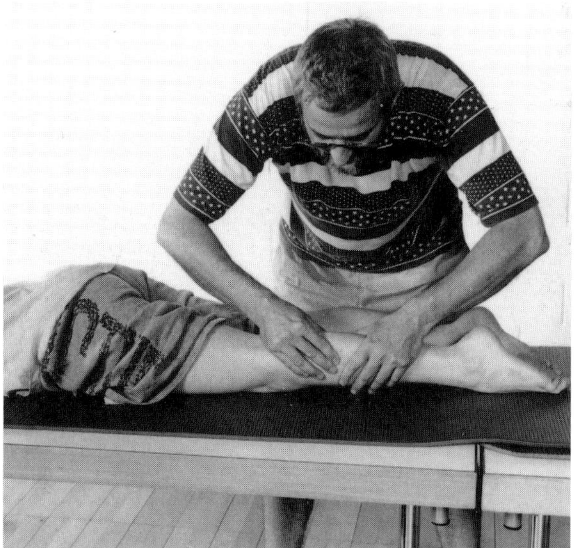

 

**Beine und Rücken**

Wir streichen «**ewige Fragezeichen**» auf die Beine. Die Massierenden knien an der Seite und schauen gegen die Füße.

Wir beginnen mit einleitenden Streichungen am Knöchel. Die Rundung des Fragezeichens wird mit der offenen Hand gedreht. Vor dem Drehen richten wir die Finger der Hand gegen unseren Körper. Während eine Hand noch zieht, setzt die andere handbreit unterhalb der Schleife neu an. Lange Striche sind gut. Die Lage der Schleife ist nicht so wichtig.

**Kneten mit einer oder beiden Händen** in drei Abteilungen pro Körperseite. Die Empfängerin liegt auf dem Bauch. Die Massierende kniet seitlich bei den Knien.

Es wird unten, beim Fuß begonnen und herzwärts geknetet. Man muß das Gewebe mit der vollen Hand richtig ansaugen. Massiert man an einem großen Muskel nur mit den Fingerspitzen, ist das unangenehm spitz. Je nach Dicke des Gewebes wird die Intensität des Knetens angepaßt. Man kann sehr gut über die Hüfte hinaus bis zu den Schultern massieren.

Die entfernte Abteilung ist einfach zu kneten. Bei der mittleren Abteilung muß die Kniekehle des Liegenden geschont werden. Etwas schwierig ist die Seite zur Massierenden hin. Sie muß die Ellbogen weit seitlich wegspreizen, um mit den Daumen unter das Bein zu kommen. Am Boden ist das mühsam.

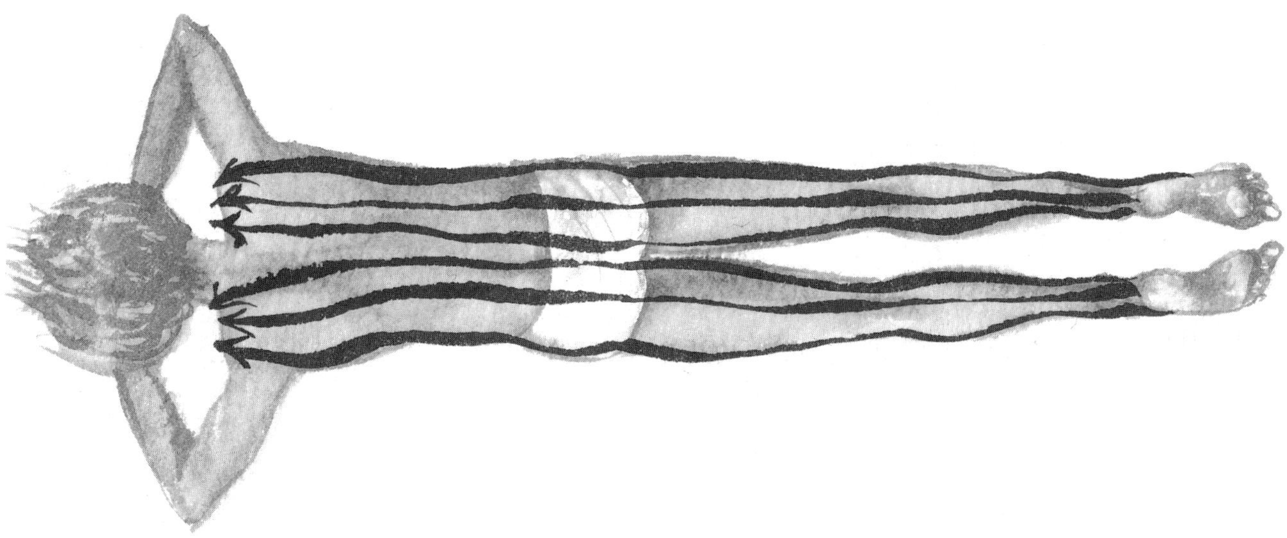

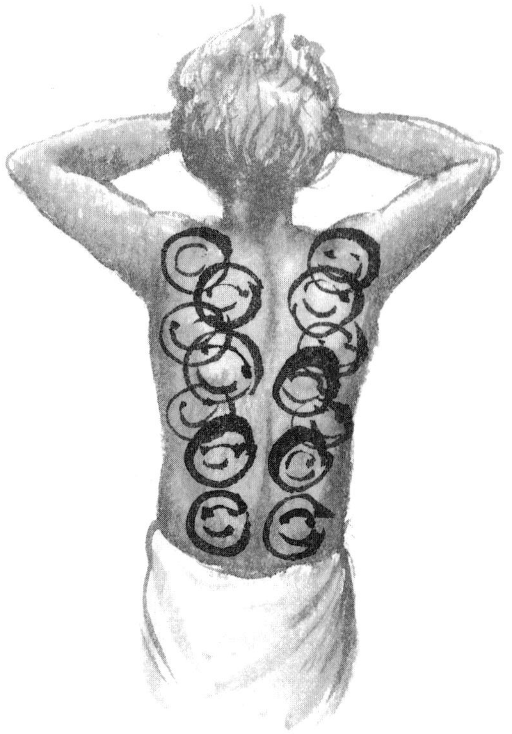

### Kreisende «Smileys» auf dem Rücken

Wir können auf der Haut kreisen oder die Haut so fest drücken, daß die Muskelschichten bearbeitet werden. Im Beckenbereich beginnen. Die Hände werden parallel geführt. Versuche auch ein unkoordiniertes Kreisen mit deinen Händen!

### Quergriffe gezogen, dann gestoßen

Man zieht die flachen Hände abwechslungsweise quer über den Körper. Die Belastung ist auf der ganzen Handfläche. Wir beginnen beim Becken. Die Hände wandern nach jedem Zug eine Handbreit nach oben.

Bei der Gegenbewegung der Quergriffe beginnen wir wieder beim Becken, aber auf unserer Seite. Über den Körper hinüber wird satt gestoßen.

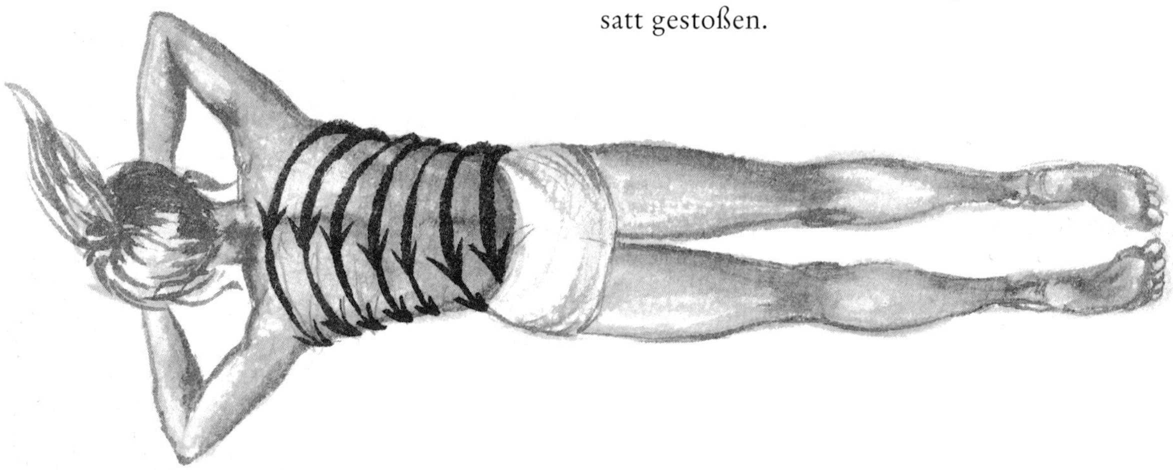

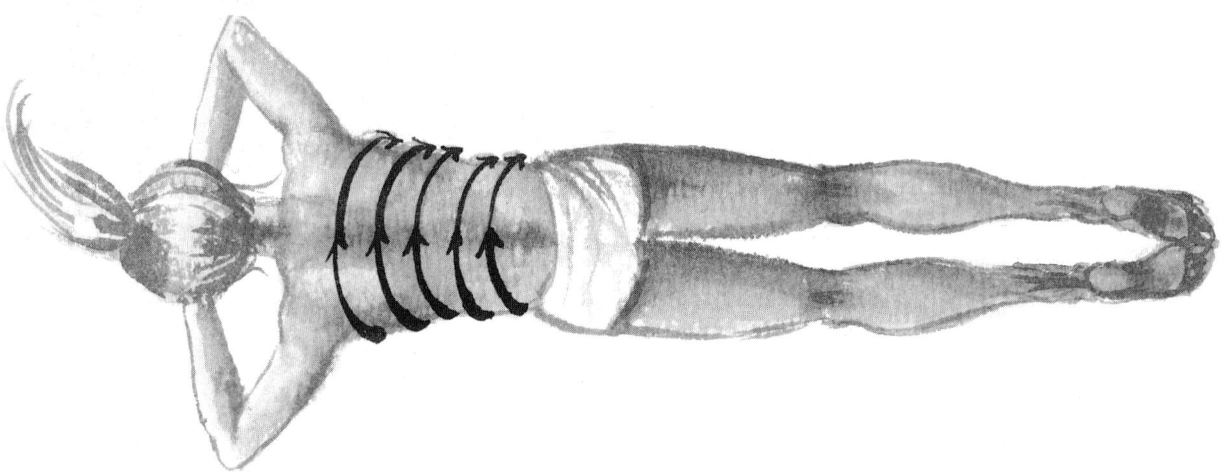

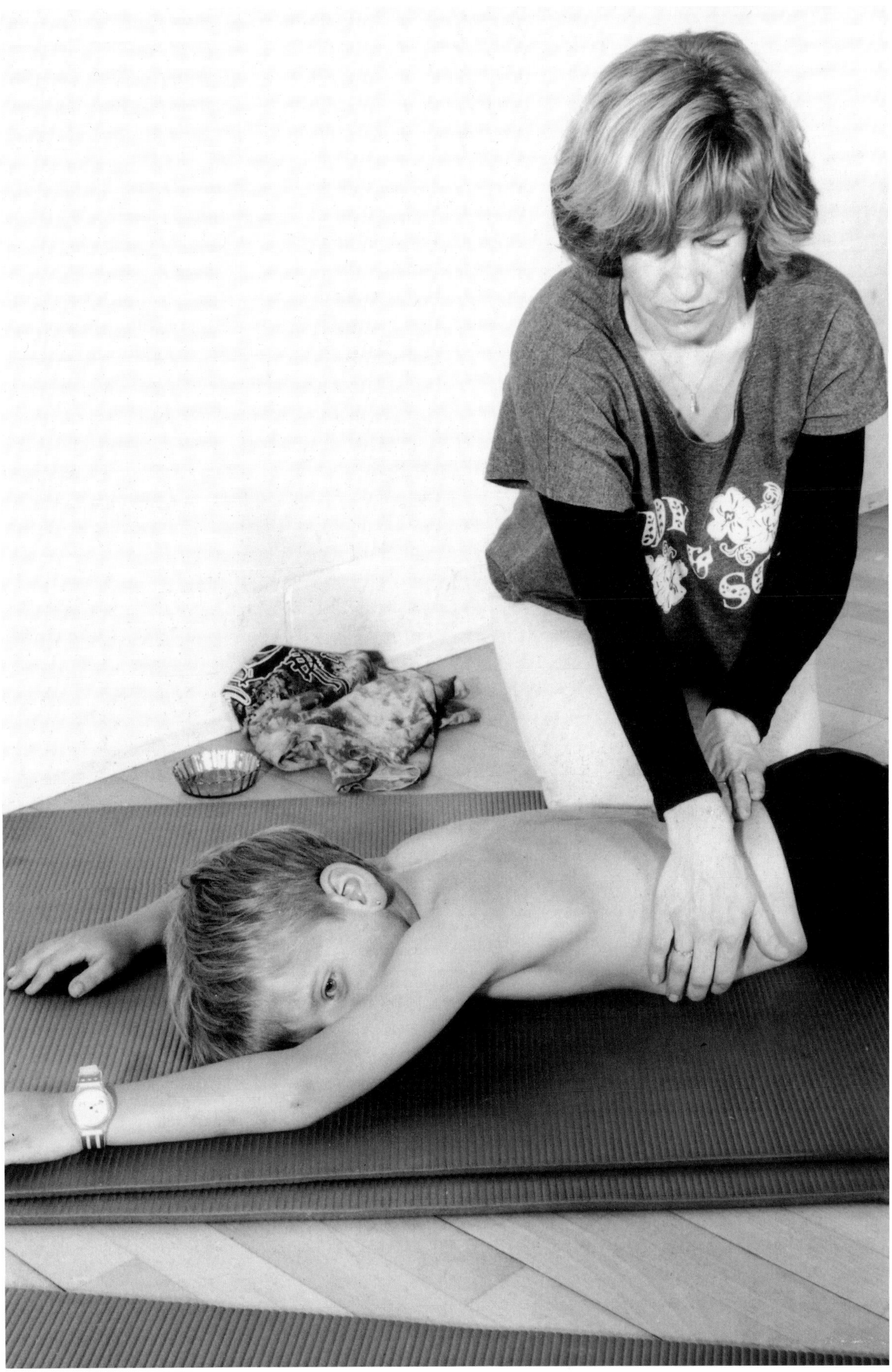

**Ausstreichen der Entrecôtes** (zwischen den Rippen) **und der Nierengegend**

Die Daumen sind auf gleicher Höhe. Der Hauptdruck ist auf den Daumen. Sie fahren den Rippen entlang nach außen. Von der Seite des Körpers wird ohne Druck zurückgefahren. Die Bahn der Daumen gleicht Schmetterlingsflügeln. In der Nierengegend reduzieren wir den Druck der Daumen.

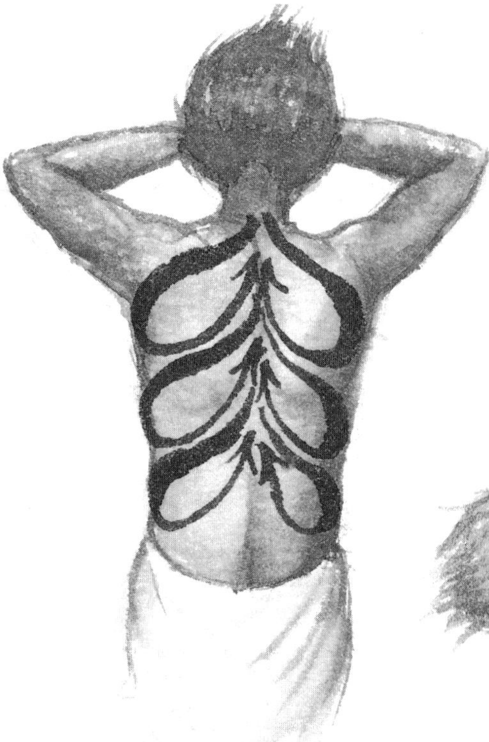

**Schütteln des Rumpfes**

Die Massierenden knien an der Seite. Einleitende Streichungen mit beiden Händen über den ganzen Rücken hinunter stimmen ein.

Dann folgt das seitliche Anstoßen des Beckens, das zu einer Schaukelbewegung führt, die wieder abnimmt. Wir spielen mit der Resonanz des Körpers, probieren andere Tempi und Intensitäten aus. Wie stark darf eine Synkope sein, daß sie weckt und nicht erschreckt?

Wie ist es, wenn wir uns am Rückgrat halten? Wenn wir die Wirbelsäule schütteln, wirkt das präziser.

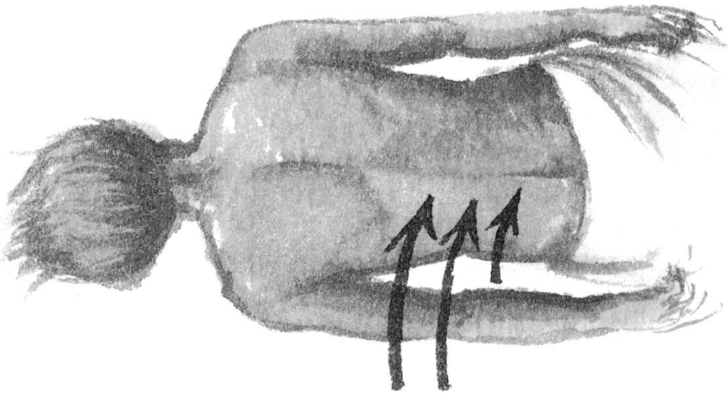

**Doppelhändiges Streichen von Kreisen** mit den offenen Händen auf dem Lendenbereich und dem Kreuzbein.

Die Kreise sind so breit wie der ganze Körper. Die eine Hand kreist groß und voll. Die andere setzt später ein und dreht in der gleichen Richtung. Sie macht größere Halbkreise um die erste Hand herum, weil sie das Handgelenk der ersten Hand überspringen muß. Dieses intermittierende Kreisen ist auch auf dem Bauch sehr angenehm. Dort erfordert Massage mehr Vertrauen. Der Bauch ist etwas ganz Privates.

 

### Rotieren des Rückgrates, Vibrieren des Hinterhauptloches

Damit das Hinterhauptloch vibriert werden kann, ist es günstig, wenn die Brust durch ein Frottiertuch etwas gestützt wird.

Zum Abschluß wird mit lockerer Hand über das Rückgrat hinunter gestrichen. Oft wird es als angenehm empfunden, wenn die freie Hand der Massierenden auf der Schulter der Genießenden liegt.

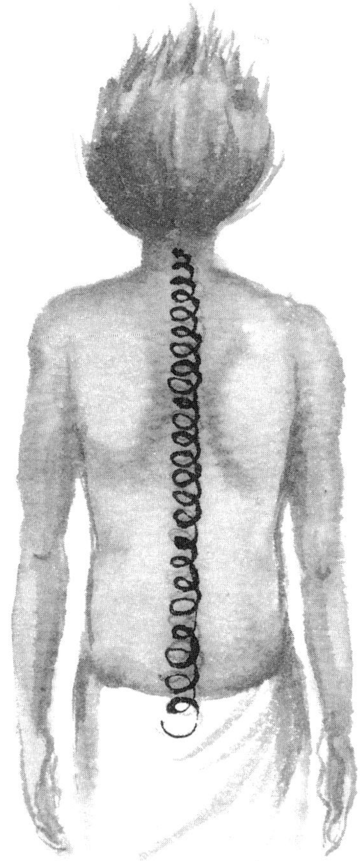

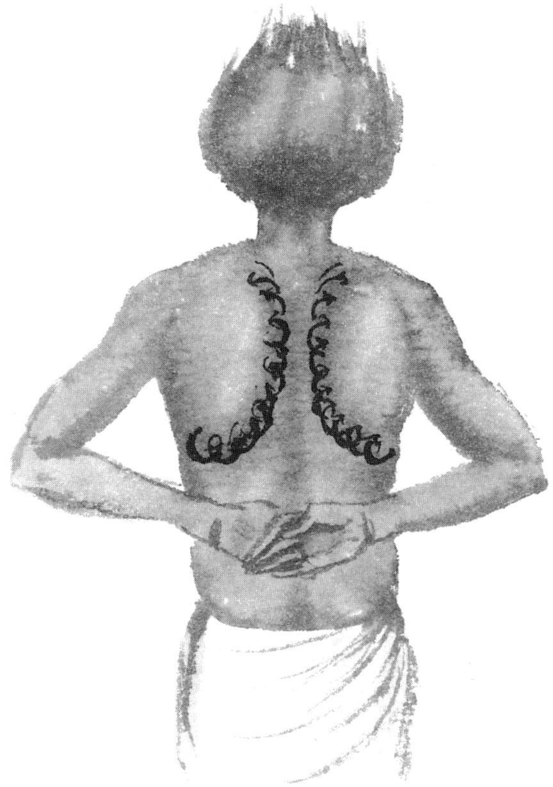

Beim Steißbein mit den flachen Fingerkuppen mit dem Rotieren beginnen, während einigen Atemzügen auf dem Kreuzbein verweilen, dann das Rückgrat hinauf rotieren. Die einzelnen Wirbelhöcker müssen sorgfältig umkreist werden.

Im Hinterhauptloch kann mit einer Fingerspitze seitlich vibriert werden. Das wirkt belebend.

**Rotieren der Konturen** um die Schulterblätter durch kleine Rotationen. Wenn nötig die Arme in «Flügelposition» (Polizeigriff) bringen, d. h. Unterarme auf den Rücken heben. Unter den Rändern der Schulterblätter hat es eine Unzahl von Akupressurpunkten, die man so erreicht. Achte darauf, in welchem Drehsinn du rotierst! Was ist angenehmer?

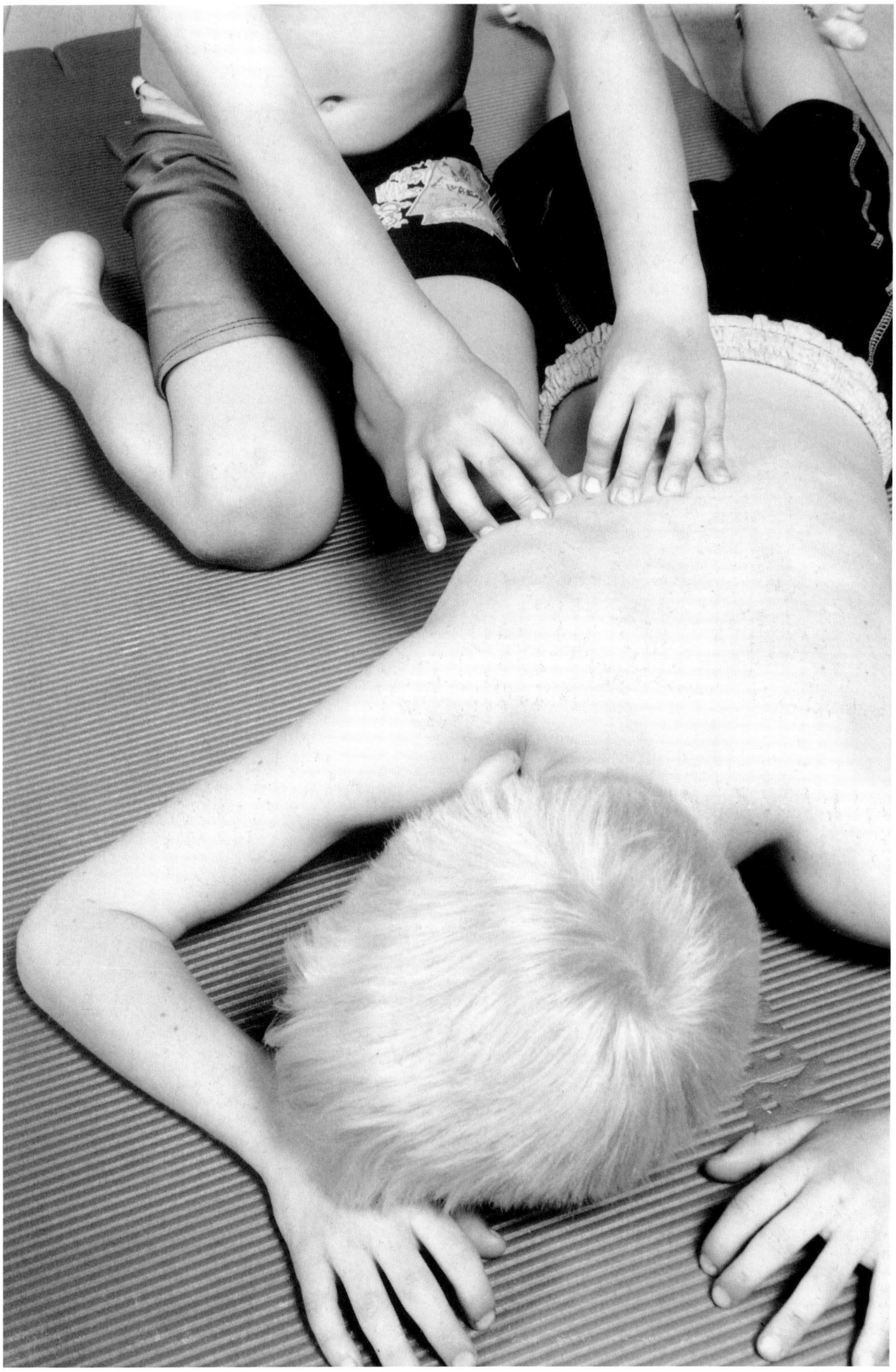

### «Schulterbogen» kneten

Auf der einen Schulter intermittierendes Kneten, im Nacken kleine Rotationen. Auf der anderen Schulter wieder intermittierendes Kneten. Beim Kneten die Muskeln immer in Richtung Schlüsselbein stoßen, ziehen tut weh!

Statt links und rechts zu kneten, kann auch rotiert werden. Es kann unter den Ohren begonnen und bis auf die Schultern gedreht werden.

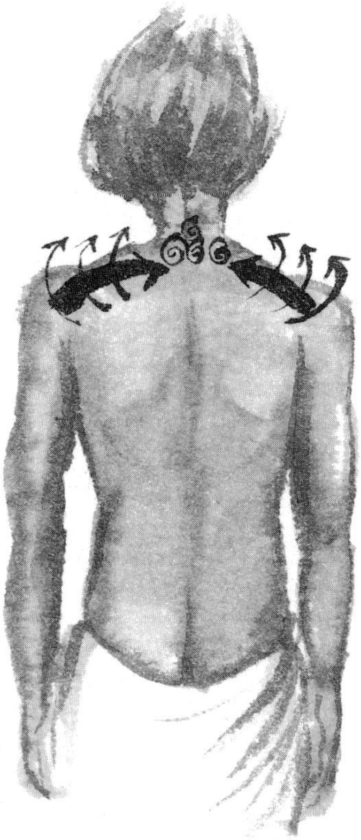

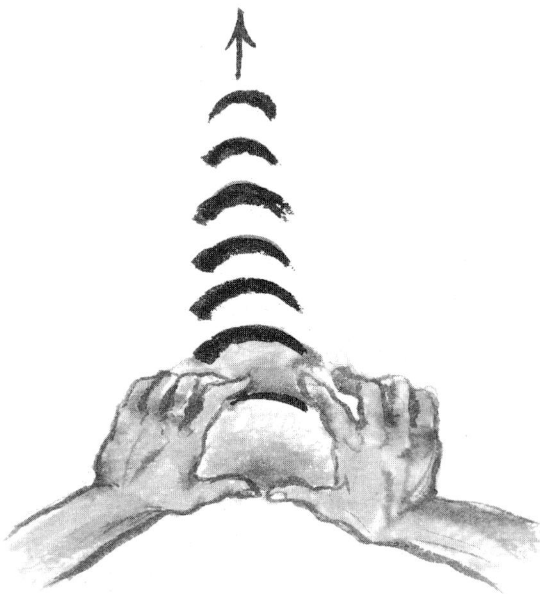

Es muß sehr langsam und gründlich gearbeitet werden. Auf dem Rücken hat es Platz für 8 Abteilungen.

Eine Schulter anheben und damit spielen. Man greift unter die Schulter und schüttelt lockernd in alle Richtungen.

Test: Lasse eine Abteilung aus. Die Empfängerin wird sagen können, was noch fehlt.

### Bindegewebemassage «Raupenfraß»

Man beginnt beim Kreuz und endet auf den Schultern.

Beide Daumenspitzen berühren einander. Sie stoßen schräg in den Muskel hinein und gleiten dabei ganz langsam vorwärts. Die lockeren Finger krabbeln den tief arbeitenden Daumen voraus und führen diesen obere Gewebeschichten zu. Dieser «Raupenfraß» hinterläßt rote Spuren, die bald vergehen.

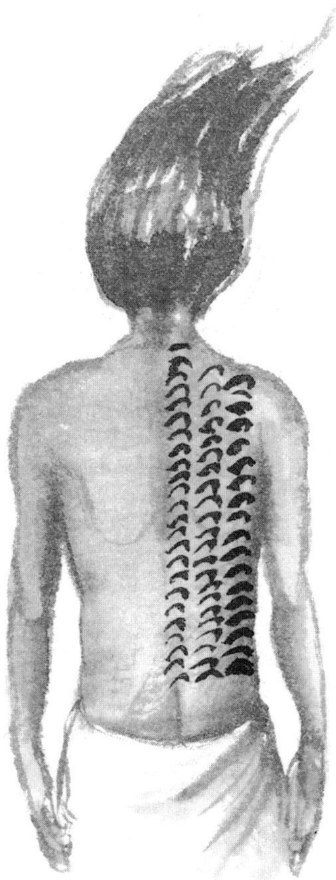

## Fuß und Achillessehne

### Streichen der Achillessehne

Die Massierenden knien neben dem Bein. Der Fuß wird mit der einen Hand gehalten.

Die Achillessehne wird zwischen Daumen und Zeigefinger der anderen Hand gehalten und ausgestrichen. Die Bewegung ist vergleichbar mit dem Pinselmalen.

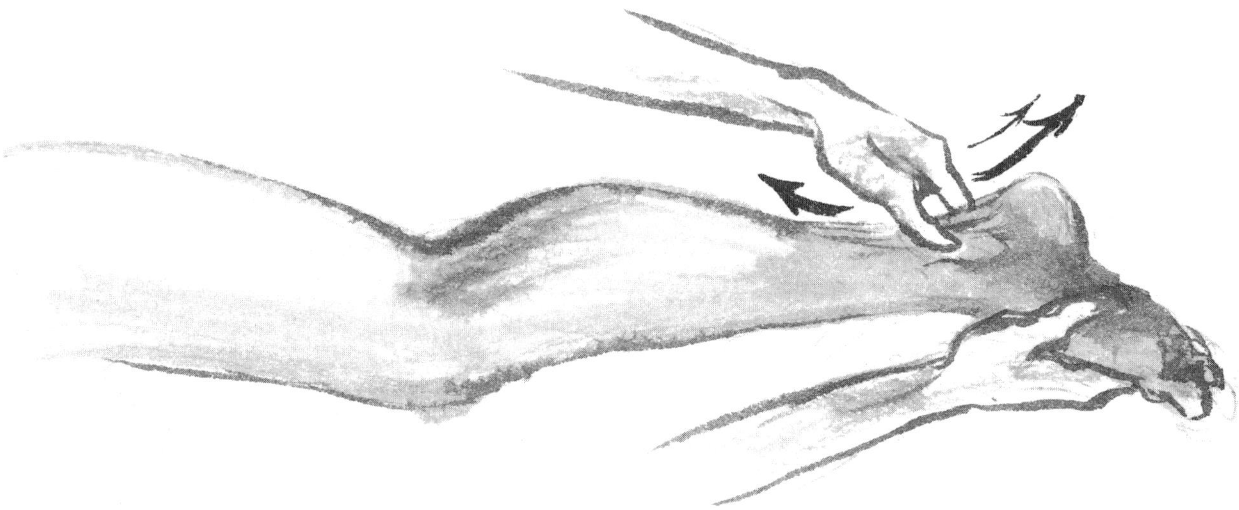

### Pressung mit dem Unterschenkel

Mit der freien Hand wird das Gesäß fixiert. Der Schenkel wird gegen das Gesäß gedrückt. Was passiert, wenn du nur beim Ausatmen preßt? Probiere auch, beide Füße gleichzeitig zu pressen. Aber das Gesäß muß gut fixiert sein!

### Lockern von Unterschenkel und Fuß

Der Schenkel wird in die Höhe gestellt. Mit der freien Hand wird der Fuß ergriffen, kreisförmig auf und ab bewegt und gelockert.

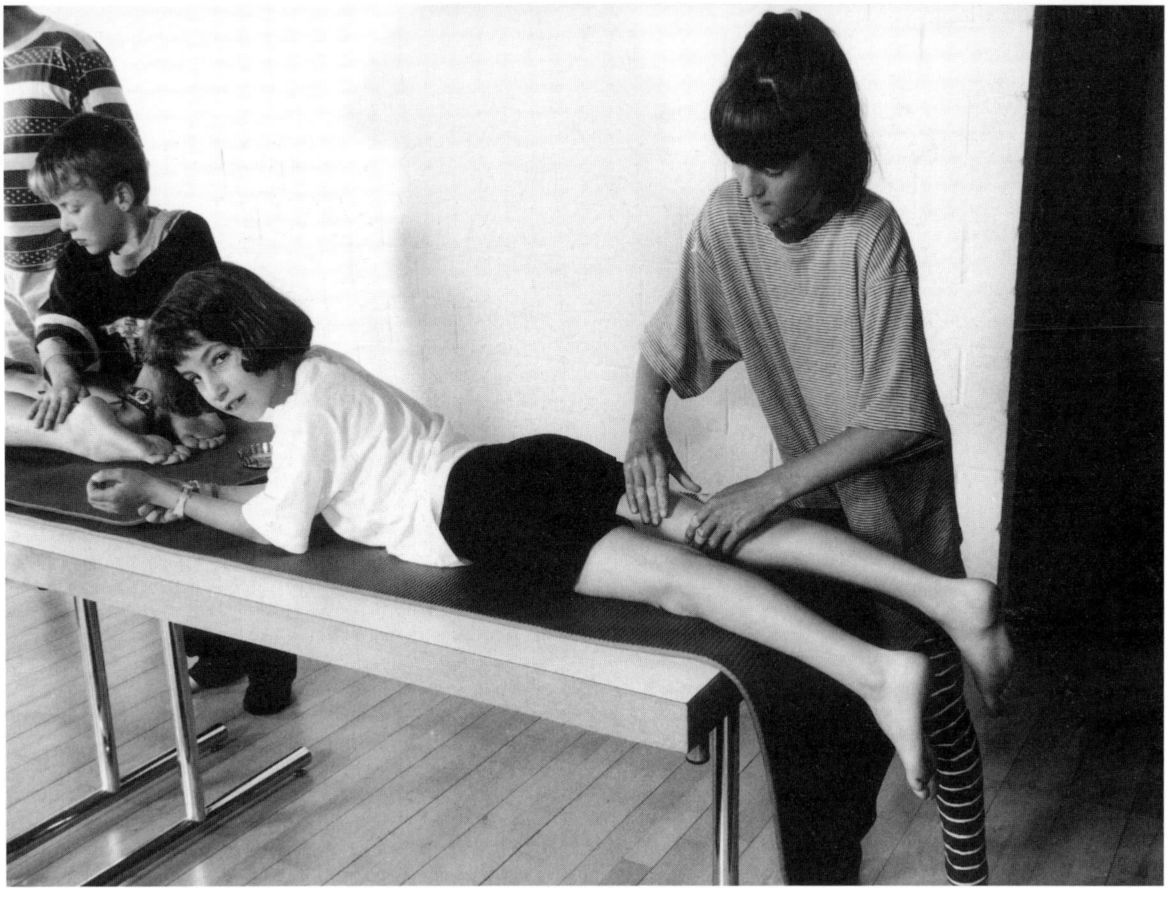

## Möglichkeiten in Rückenlage

### Kopf

Massage am Kopf ist etwas Intimes, braucht Vertrauen. Die Massierenden knien hinter dem Kopf.

Probiere zur Einstimmung folgende drei Übungen aus:

- Friction wie beim Coiffeur. Lockere rotierend alle Muskelsegmente auf dem Haarboden.
- Die Hände neben den Ohren halten, tief atmen und warten.
- Die Hände auf Augen und Stirn legen und warten.

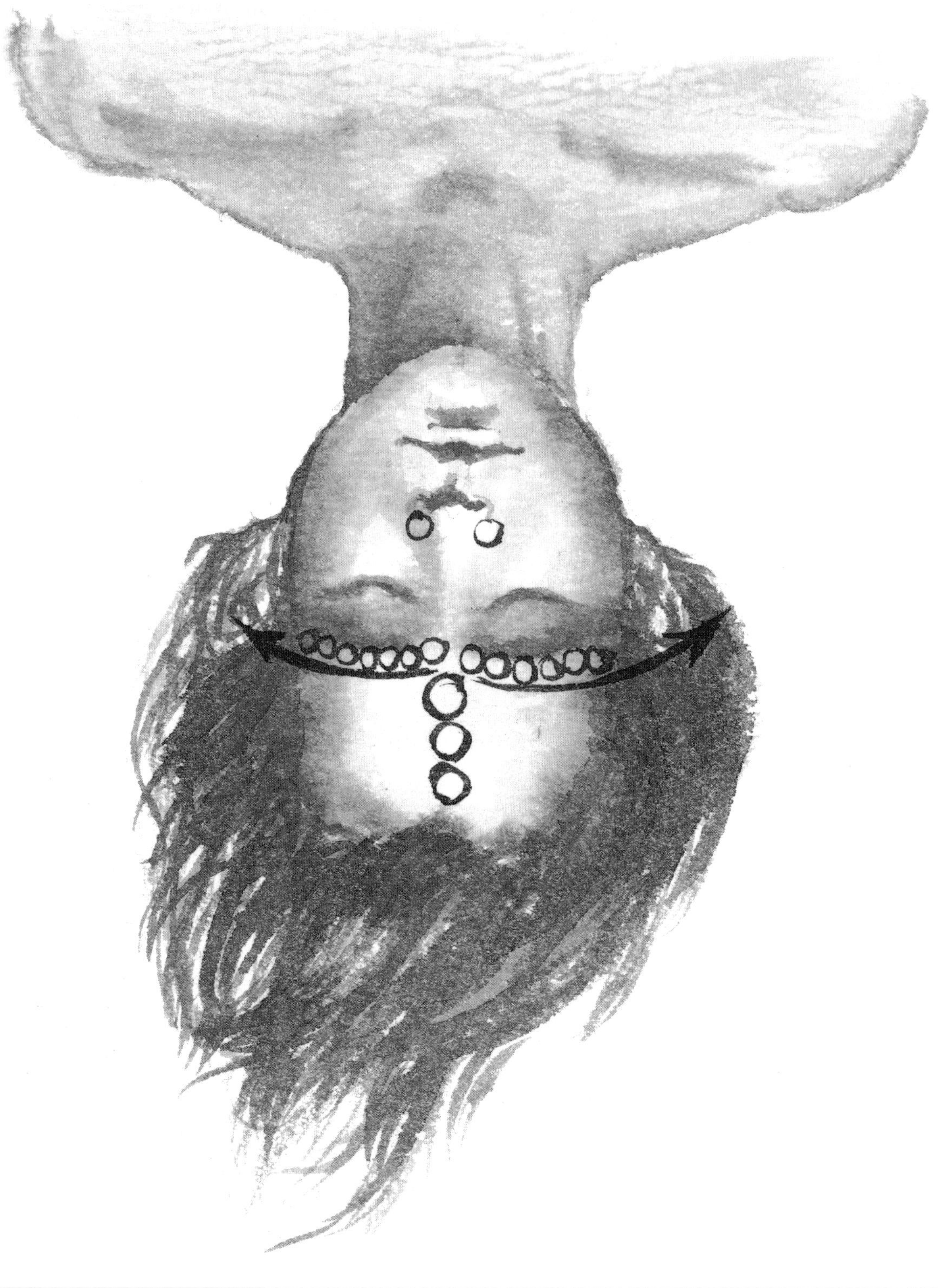

Allgemein beliebt sind die Griffe:

- Schläfen mit den Fingerkuppen kreisend massieren.
- Minikreisen auf den Jochbogen, gleichzeitig mit beiden Händen von der Mitte aus gegen die Schläfen fahren.
- Kreisen an der Nasenwurzel.
- Mittelfinger auf die Mitte der Stirn halten, tief atmen und warten, bis man Wärme spürt. Wärme, Nähe und Stille genießen.

Je nach Wunsch der Empfängerinnen:

- Kneten und Ziehen an den Ohren.
- Rotieren und Streichen der Backen- und Kiefermuskulatur. In der Regel von der Gesichtsmitte nach außen, nach oben oder nach unten arbeiten.
- Anwendung von kosmetischen Produkten.

**Eine Shiatsu-Übung**

Preßbewegungen der Scheitellinie entlang, mit beiden Daumen, die parallel geführt werden.

Es soll mit dem ganzen Körper gedrückt werden, nicht nur mit der Kraft der Daumen. Stelle dir vor, du preßt 10 Kilogramm auf den Kopf. Arbeite mit geschlossenen Augen. Dein Körper wippt bei jedem Stoß leise vor und zurück.

Versetze beim Entlasten die Daumen um eine halbe Daumenbreite. Beginne am Hinterkopf beim Haaransatz. Mache drei Durchgänge zu etwa 20 Pressionen.

#### Oberkörper

**Kombinierte Streichung in einem Zug**

Die Empfängerin liegt auf dem Rücken. Die Massierende kniet hinter ihr. Die Hände liegen übereinander auf dem Brustbein.

Beim Ausatmen wird zwischen den Brüsten bis vor die Blase hinuntergestrichen. Dort trennen sich die Hände, streichen über die Bauchdecke auf die Körperseiten und gleiten zwischen den Armen und den Brüsten auf die Schultern zurück.

Die Schultern werden seitlich umfahren, und die Finger schieben sich darunter bis zum Rückgrat. Die Handballen treffen seitlich aufeinander.

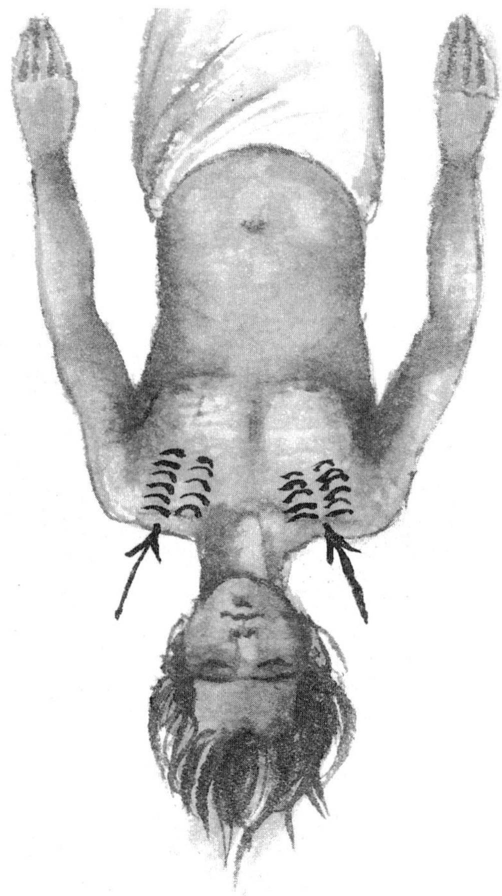

Die Hände werden nun halswärts hinaufgezogen. Die Daumenballen ziehen leicht am Hals.

Die Hände fahren nun über die Ohren. Gleichzeitig spreizen sich die Daumen ab, legen sich über die Stirn, nehmen das Haar mit und streichen dies über dem Scheitel aus.

Beim Massieren am Boden: Beim Zurückziehen der Arme soll die Massierende aus dem Kniestand möglichst schnell wieder auf den Fersen sitzen. Das entlastet den Rücken.

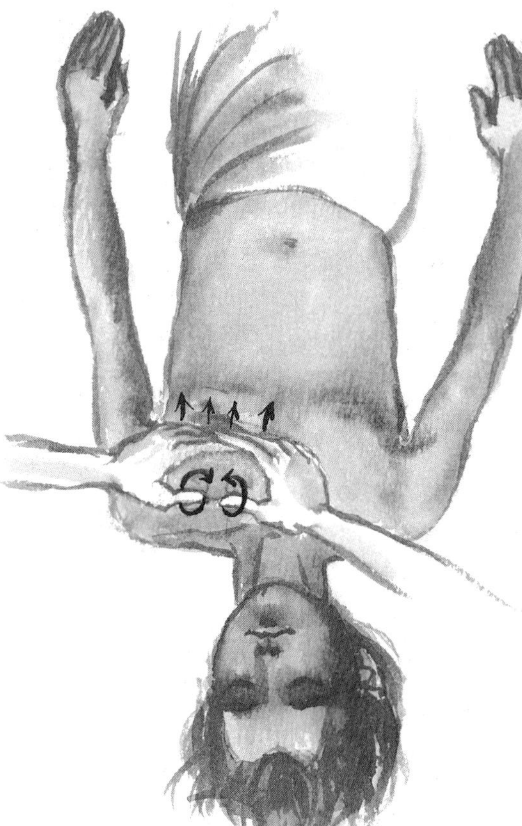

**Brustmuskel** links und rechts mit Daumenballen intermittierend kneten.

Bei der weiblichen Brust wird das Fettgewebe mit der Handkante fußwärts weggeschoben. Der Druck der Handkante bleibt erhalten. Das gibt den Daumen Raum, den Brustmuskel zu bearbeiten.

## Arme

Die Massierenden knien seitlich. Der Arm ist abgelegt, kann ergriffen oder auch unter die Achsel der Massierenden geklemmt werden. An den Armen kann gleich gearbeitet werden wie an den Beinen.

Es kann gestrichen – geknetet – gewalkt – gepreßt – rotiert – geschüttelt – gezupft werden.

## Hände

An den Händen wie an den Füßen kann stundenlang gearbeitet werden. Einerseits ist es schön zu verweilen, andererseits gibt es eine Unzahl von Möglichkeiten:

- Reiben der Handflächen innen mit dem Handballen, außen mit dem Daumenballen.
- Ausstreichen des Handrückens mit dem Daumen.
- Pressen der Handinnenfläche mit beiden Händen – «Steigbügelgriff».
- Lockern der Fingergelenke, indem das äußere Fingerglied von der massierenden Hand fixiert wird.
- Streichen der «Schwimmhäute».

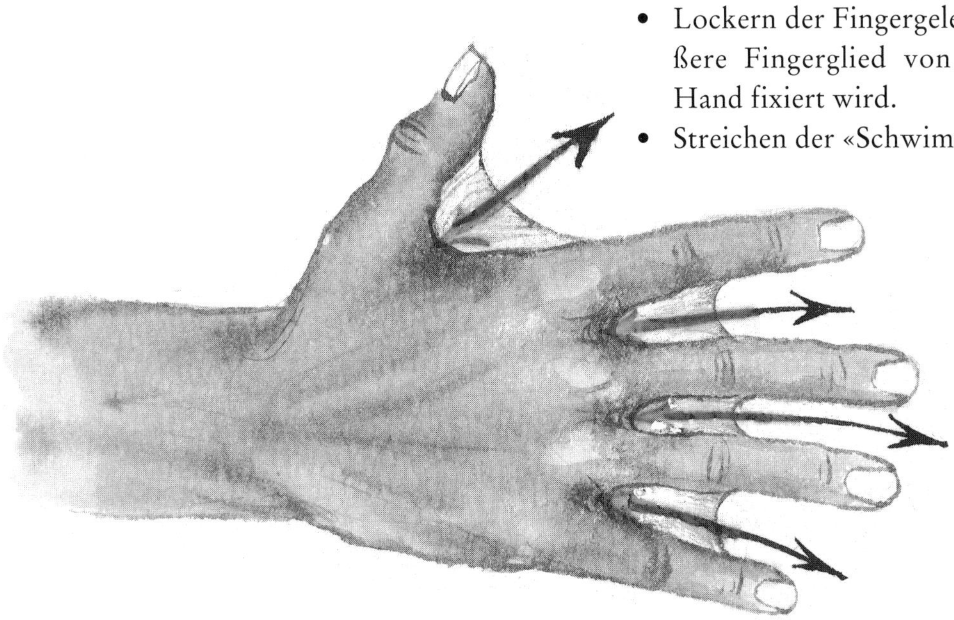

## Bauch

Die Bauchdecke hat ein empfindliches Nervengeflecht. Wir nähern uns ganz langsam.

Unsere Hauptübung ist das **beidhändige, intermittierende Kreisen** mit beiden offenen Händen im Uhrzeigersinn. Dies kann gut fünf Minuten lang gemacht werden. Die Gefühle von Wärme und vom Kreisen wirken noch längere Zeit nach.

Eher lustig ist **die quere Knetung** der Bauchdecke.

Wir arbeiten mit parallel geführten Händen. Die Ellbogen sind gespreizt, die Fingerspitzen berühren sich. Wir ergreifen Hautfalten mit Daumen und Zeigefingern, heben sie ab und lassen sie wieder zurückgleiten. Es braucht kaum Öl.

**Der Rippenbogen** kann in beiden Richtungen geknetet werden.

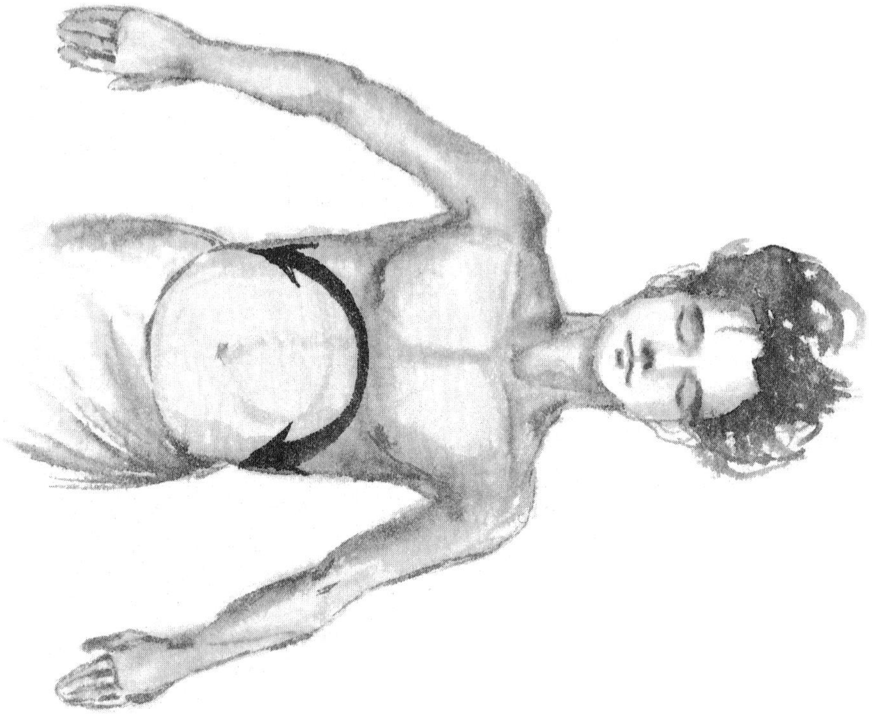

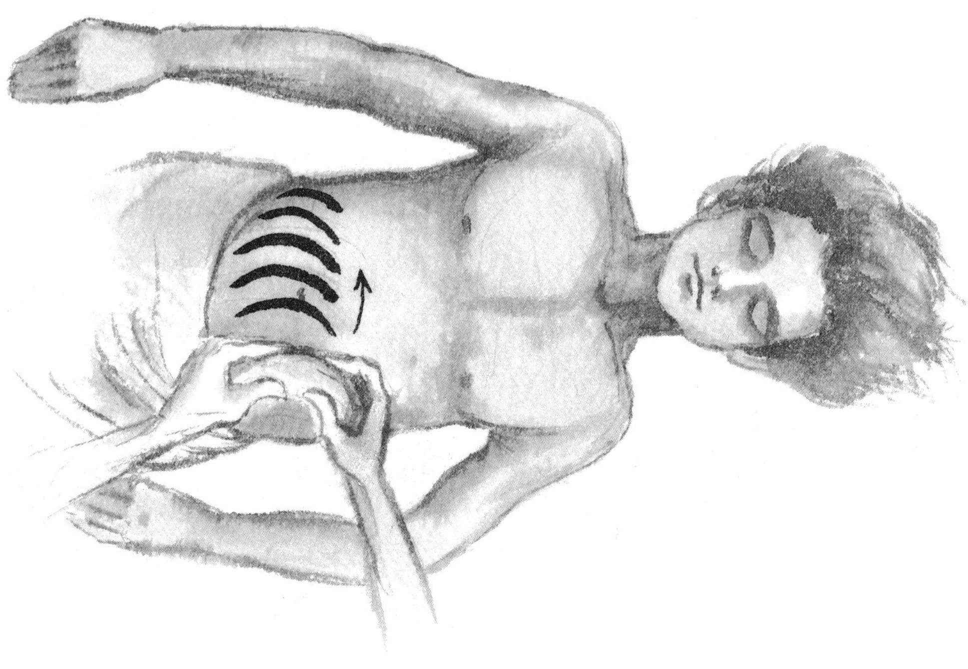

## Beine

Die Massierenden knien an der Seite. Wie immer kommt die einleitende Streichung, wobei wir gerade Gleitmittel verteilen.

Kneten: Zwar hat das Bein – wie in der Bauchlage – drei Abteilungen. Aber in der zweiten Abteilung beginnen wir erst oberhalb des Knies, weil am Schienbein die Muskeln fehlen.

## Unterschenkel

Die Massierenden knien seitlich, der Unterschenkel wird aufgestellt.

- Zuerst wird der Wadenmuskel mit schnellen, leichten Ovalen aufgewärmt,
- dann quer mit der Kante von Zeigefinger und Daumen sichelförmig gerieben
- und anschließend voll durchgeknetet.

## Füße

Die Massierenden knien bei den Füßen oder sitzen im Schneidersitz und halten die Füße im Schoß. Insbesondere bieten sich an:

- Rotieren der Fesseln: Die Finger arbeiten, der Daumen fixiert auf der Fessel der Gegenseite.
- Ausstreichen des Fußrückens.
- Klopfen der Sohlen.
- Lockerndes Bewegen der Zehen.
- Zupfen der «Schwimmhäute».

Bei den Füßen kann sehr lange gearbeitet werden.

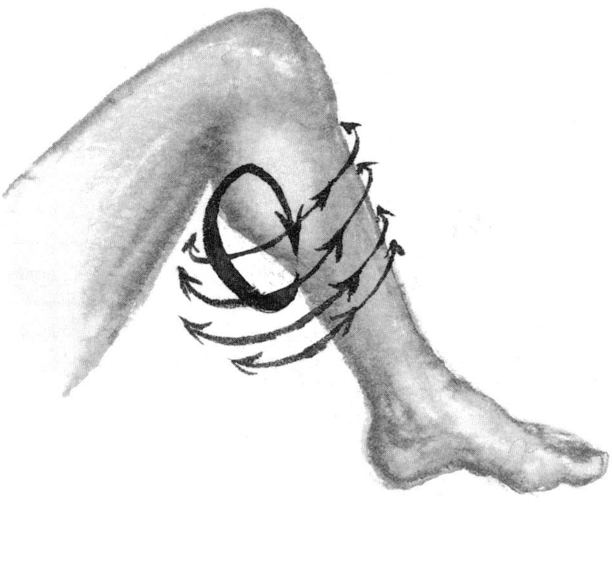

ABSOLUTE

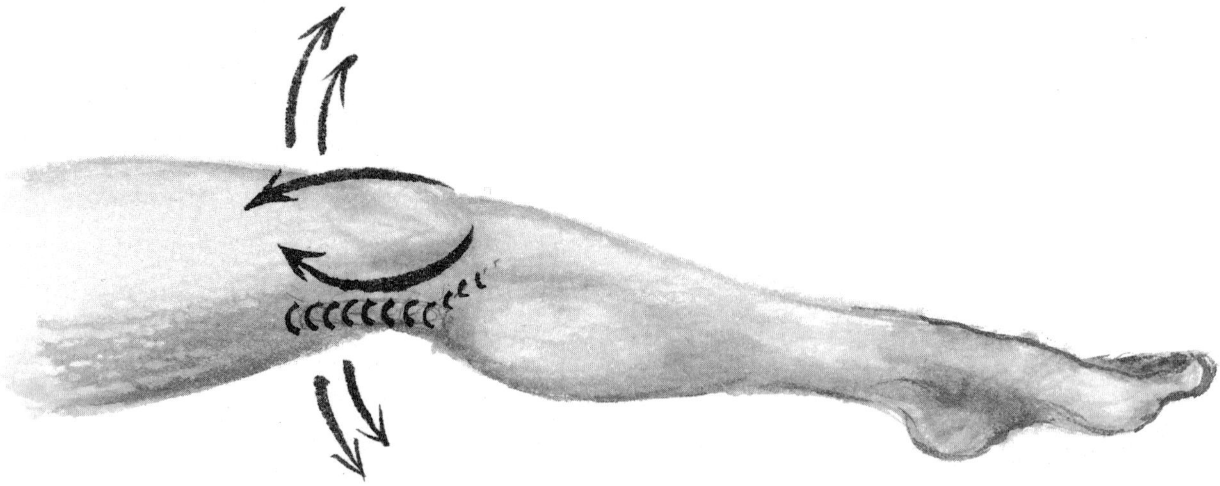

Die Massierenden knien neben dem Knie des abgelegten Beines.

- Mit beiden Händen wird ein Oval um das Knie herum geformt. Es muß guter Kontakt bestehen.
- Dann werden die beiden kleinen Muskelstränge seitlich des Knies, außen und innen, geknetet.
- Anschließend wird das Bein oberhalb des Knies umfaßt und vertikal mit abnehmender Kraft geschüttelt.

### Oberschenkel

Die Massierenden knien neben dem Oberschenkel.

Am abgelegten und etwas abgespreizten Schenkel:

- Außen werden längliche Ovale intensiv mit der Handwurzel gerieben,
- innen werden kurze «Fragezeichen» angebracht.

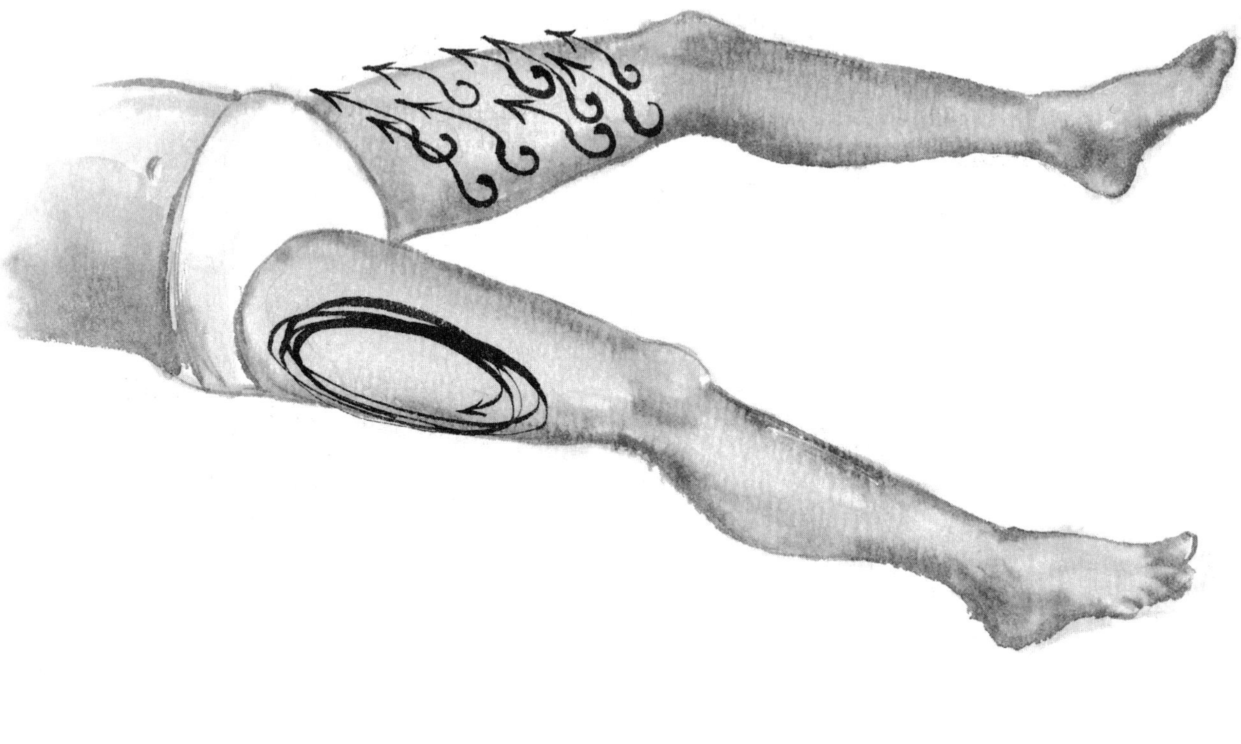

Am aufgestellten Schenkel:

- Mit beiden Händen wird das Knie gefaßt, in zwei Passagen (oben und unten) gegen den Schritt hinauf rotiert.
- Anschließend wird das ganze Muskelpaket mit beiden Händen oberhalb des Knies ergriffen und um den Oberschenkelknochen herumgedreht (gewalkt).

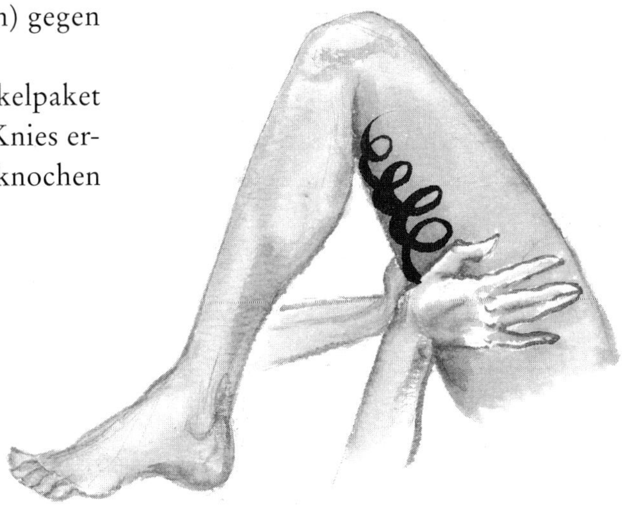

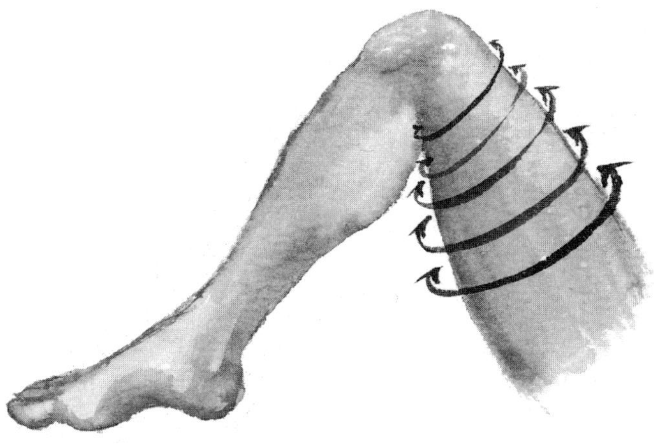

# Ugulf und Smirriplan

Beide Wesen leben im «Nüteliland». Dort spricht man Phantasisch. Sprich beide Namen mehrmals leise aus und fühle, wie sich jeweils dein Mund anfühlt, wie unterschiedlich beide Namen klingen. Die Laute regen deine Phantasie an. Nun wirst du beide Fabelwesen auf der vorderen Bildseite sofort erkennen.

Die Massageanweisungen für Ugulf und Smirriplan sind in der Sprache des «Nütelilandes» geschrieben. Besprich sie zusammen mit deiner Partnerin oder deinem Partner. Versucht die Sprache zu verstehen, wie ihr die Namen verstanden habt. Erfindet zusammen ein Programm mit Massagegriffen, die zu den Wörtern passen.

## Wie zähme ich einen Ugulf?

Lege den plotschigen Ugulf am Boden flach auf seinen Flump. Klumper und Pitschlinge sind locker ausgestreckt.

Den Ugulf zuerst mit langen satten Pflasen von oben bis unten beliefen, bis er schnurklich klupfert. Dann mit deinen beiden Zwarpfen auf den Knorpfen des Ugulf herumlumpfern, aber nicht zu grotzlich! Denn junge Ugulfe sind leicht zwigul und gracklich. In der Mitte flusendo zwölf malumale Onomulen hinklandieren. Merko den Ugulf mit langen satten Pflasen von oben nach unten dreilich beluufen.

## Fitneß für den Smirriplan

Drehe den zwirten Smirriplan am Boden auf seinen Segul. Beide Polgar sind locker. Mit leichten, gefederten Taffern pfludelst du dreimal von unten nach oben. Auf beiden Seiten pfludeln.

Den ganzen Dorobun gründlich mit prolligen Schlapfern konprakieren, dann den ganzen Körper mit Wurskengriffen tresokkern, bis der Smirriplan fluckert, zwarpft und prieścht. Merko den Smirriplan mit langen satten Pflasen von oben nach unten dreilich beluufen.

*Suche Ugulf und Smirriplan. Sie sind bei den Wesen auf der vorderen Seite!*

# Übungen für Kinder

Sprüche und Verse eignen sich für Kinder, aber auch für Ausgewachsene, die wieder spielen können.

Den Empfängern bringt die Rollenübernahme ein vertieftes Erleben und kann zudem eine allfällige Berührungsangst abbauen helfen. Den Massierenden kann die Sprache die Gewöhnung an das rhythmische Arbeiten erleichtern.

Die Versform bietet über das Massieren hinaus die Möglichkeit, rhythmisch-dynamische Schwerpunkte zu setzen, einzelne Teile zu wiederholen, Gegensätze der Tempi und Intensitäten anzuwenden und durch Stabreime sprechkinästhetische und gefühlvolle Erlebnisse zu ermöglichen. In der Regel beansprucht eine Verszeile 4 Sekunden. Dieses moderate Tempo erleichtert das Einfühlen in den Text und verhindert hastiges Massieren. Gedankenstriche weisen darauf hin, daß die Pausen zwischen den Zeilen fast beliebig verlängert werden können.

In einem fortgeschrittenen Stadium der Entspannung oder Versenkung kann Sprache als Störung der Innensicht empfunden werden. Zudem passen die Sprüche und Verslein nicht zu jedem persönlichen Stil. Sie können Massage auch erschweren.

Ich ermutige alle, selbst zu knitteln und gar nicht zuviel zu denken. Der Erfolg ist dann am ehesten gewährleistet, wenn die Autoren diejenigen sind, die massieren oder massiert werden.

Bei Kindern gehen Massage und Sprüche unter die Haut, bisweilen tiefer, vielleicht sogar bis in das «Nüteliland», von dem mir eine junge Frau aus ihrer Kindheit berichtete: «Das Nüteliland ist ein Jenseits und ist mir heilig.»

Bei den ersten Versen sind meine Anregungen recht eng. Sobald sich beim Massieren Sicherheit einstellt, kann freier gearbeitet werden. Insbesondere können Passagen wiederholt werden, solange sie Spaß machen. Eine Passage macht Spaß, solange sie den Massierenden Spaß macht. Dann stimmt's auch für die Empfänger.

Die Verse können von den Massierenden gemeinsam rezitiert werden. Es können auch mehrere Personen mithelfen beim Massieren und Aufsagen. Bei gutem Massieren ist das Zuschauen eine Freude. Zuschauen heißt: die Stimmung miterleben.

Die einzelnen Griffe sind im Kapitel 3 «Die Griffe der Massage» aufgeführt.

## Brauner Brummbär

Brumme nur – brumme nur –
brumme brauner Bär. –
Ich schüttle dir dein Bärenfell –
wie ist das dick und schwer! –

Langsam und schnell –
schüttle ich dein Fell. –

Von der Mitte nach der Seite –
von der Mitte nach der Seite –

streich' – ich – dein – Fell – aus.

**Mon ours**

Grogne nounours, grogne bien! –
Grogne bien, mon ours. –
Je secoue ta belle fourrure –
qu' elle est épaisse et lourde! –

Lentement – à toute allure –
par là – et par ici –
je secoue ta fourrure.

Du milieu au côté –
du milieu au côté –

je lisse ton pelage –
de la tête au pied.

**Bäremani**

Brummle nume, Bäremani –
brummle nume, Bär. –
Ig schüttle dir dys Bärefäll –
wie isch das dick und schwär! –

Langsam und schnäll –
schüttlen ig dys Fäll. –

Vo dr Mitti nach dr Syte –
vo dr Mitti nach dr Syte –

schtrych – ig – dys – Fäll – uus.

Der Brummbär liegt auf dem Bauch. Die Massierenden knien seitlich. Eine Hand liegt auf der Schulter, die andere auf dem Kreuz.

**1. Griff: Schüttelelement**

Brumme nur –
stopp

brumme nur –
stopp

brumme brauner Bär. –
stopp

Ich schüttle dir dein Bärenfell –
stopp

wie ist das dick und schwer! –
stopp

Das Kreuz wird bewegt und wie ein voller Wassersack zum Schwappen gebracht. Dieses Schütteln beginnt mit gutem Griff langsam, wird schneller, gleichzeitig intensiver – und klingt ab.

Langsam und schnell –
warten

schüttle ich dein Fell. –
warten

Textgemäß wird das Tempo variiert.

Schütteln bedeutet eine Lockerung des Körpers, ins Schwingen kommen, aber auch im eigenen trotteligen Rhythmus gestört werden, damit ein neues Gleichgewicht gefunden werden kann. Schütteln wir das Rückgrat von unten nach oben, so greifen wir in den Energiehaushalt ein.

Beim Massieren ist es schön, wenn Töne vorgestellt oder gesummt werden.

**2. Griff: Streichen, in der Form von Käferbeinen**

Von der Mitte nach der Seite –
rechts 5 x

von der Mitte nach der Seite –
links 5 x

Das Element stammt aus der klassischen Massage. Es erfolgt ein leichtes Bearbeiten der seitlich am Rückgrat liegenden Muskelstränge gegen außen und beinwärts mit Daumen- und Handballen. Auf der anderen Seite des Rückgrates stabilisiert die offene Hand mit Druck.

Auf jeder Seite 4 Abteilungen:

1. Abteilung: Oberteil des Brustkorbes.
2. Abteilung: Unterteil des Brustkorbes.
3. Abteilung: Unterhalb der Nieren.
4. Abteilung: Beim Kreuz beginnend.

In der Reihenfolge 1 – 2 – 3 – 4 wirkt das Streichen eher beruhigend, in der Reihenfolge 4 – 3 – 2 – 1 eher anregend.

Wenn wie hier eine Körperseite vor der andern bearbeitet wird, wird das Bewußtsein darauf gelenkt, daß man zwei (verschiedene) Körperhälften hat.

Wenn beide Seiten gleichzeitig von der Mitte her ausgestrichen werden, fällt diese Erfahrung weg. Andererseits kann so das Ausatmen eindrucksvoll unterstützt werden, was bei vorhandenem Vertrauen sehr entspannend wirkt.

### 3. Griff: Kontrolliert geführte, ableitende Streichung

Streich' - ich - dein - Fell - aus.

Ableitendes, kontinuierliches, ruhiges Ausstreichen mit beiden Händen gleichzeitig rechts und links vom Nacken aus über die Arme hinunter bis zu den Fersen. Auf den Fersen 5 Sekunden warten und dann ausblendend loslassen.

Symmetrischer, häufig angewendeter Abschluß als Beruhigung und Harmonisierung. Dieser Strich wird über einzelne Körperteile oder über den ganzen Körper hinunter eingesetzt. Ein Ausstreichen von unten gegen oben wirkt vitalisierend.

Der «Brummbär» ist ein Massagevers, der immer Anklang findet. Klingen wohl Bezüge zu einer Göttin an, die sich als Bärin zeigt? Ist ein Bärengeist in der Nähe, der sich in Trancereisen offenbart und auf Kunstwerken Frauen beim Gebären bergend von hinten umfaßt? Oder steckt unter dem Bärenpelz – wie im Märchen – ein verwunschener Prinz, dessen Seelengold an der Türe bei Schneeweißchen und Rosenrot sichtbar wird?

## Fledermaus

Ich schüttle meiner Fledermaus
das kleine, feine Flügelchen aus.

Flügelchen hin und Flügelchen her –
der Flügel wird nun plötzlich schwer!

Da fließt nun Saft und Kraft hinein –
mein Mäuslein könnt' ein Adler sein!

## Flädermuus

Ig schüttle myner Flädermuus
das chlyne, fyne Flügeli uus.

Flügeli hin und Flügeli här –
das Flügeli wird jetz plötzlich schwär!

Da geit halt Chraft und Saft jetz dry –
mys Müüsli chönnt en Adler sy!

 

Die Empfänger liegen auf dem Rücken. Die Massierenden knien seitlich. Ein Arm wird ca. 45 Grad abgespreizt und hochgehoben.

**1. Griff: Lockerndes Schütteln**

Ich schüttle meiner Fledermaus
das kleine, feine Flügelchen aus.

Arm wie ein Seil auf und ab schütteln.

Flügelchen hin und Flügelchen her –
der Flügel wird nun plötzlich schwer!

Arm wie ein Seil hin und her schütteln.

Die «Flügelspitze» wird dabei zwischen die massierenden Hände geklemmt. Verkrampfungen in den Gelenken und in den beteiligten Muskeln werden gelöst.

**2. Griff: Kneten, Walken und Auspressen**

Da fließt nun Saft und Kraft hinein –
mein Mäuslein könnt' ein Adler sein!

Die Hand der Empfänger wird in die Achselhöhle der Massierenden geklemmt.

Mit beiden nun freien Händen wird der Arm behandelt. Insbesondere kommen Rotationen, Knetungen und Pressionen in Frage. Die Griffe können parallel oder intermittierend angewendet werden. Die Armmuskulatur wird angeregt. Ein belebendes, kraftvolles Gefühl entsteht.

Der Erfolg dieses Massageverses dürfte auch darin liegen, daß eine Entwicklung vom feinen und kleinen Tierchen zum König der Lüfte als möglich angenommen wird. Wer hörte nicht allzu gern von einer solchen Entwicklungsmöglichkeit bei sich selbst?

Variante: im Sitzen oder am Reck im Kniehang (wie eine Fledermaus!).

Nach Luisa Francia ist bei den Indianern der Adler der mächtigste Vermittler zu den Seelen der Ahnen. Seine mythische Kraft ist der Flug der Seele, die Einsamkeit und die Klarheit.

**Fisch**

Der Haifisch sagt zum kleinen Fisch:

Wie schööön,
daß du so glitschig bisch!

Jede Schuppe, jede Flosse
glitscht und pflitscht von dieser Soße.

Jede Schuppe, jede Flosse
glitscht und pflitscht von dieser Soße.

An beiden Seiten saust jetzt schnelle
sanft und satt die Wasserwelle.

**Fisch**

Dr groß Fisch seit zum chlyne Fisch:

Wie schöön,
daß du so gschlifrig bisch!

Jedi Schuppe, jedi Flosse
schlaberet vo dere Soße.

Jedi Schuppe, jedi Flosse
schlaberet vo dere Soße.

Drum cha jedi Wasserwälle
a beidne Syte abeschnelle.

 

Die Empfänger liegen in der Rückenlage. Die Massierenden befinden sich seitlich.

Damit nicht am Boden nachgerutscht werden muß, ist die Lagerung auf der Schwedenbank oder auf dem Pult praktisch. Vorstellbar ist auch, daß viele Kinderhände gleichzeitig mit Duschseife dem Fisch ein «ozeanisches» Gefühl angedeihen lassen.

### 1. Griff: Lange, gut betonte einleitende Streichungen

Der Haifisch sagt zum kleinen Fisch:
Wie schööön, daß du so glitschig bisch!

Einleitende Streichung von den Füßen her mit beiden Händen kopfwärts. Damit die Geschlechtsteile nicht berührt werden, zieht die innere Hand auf der Höhe des Oberschenkels auf die Oberseite, legt sich auf die äußere Hand und verdoppelt diese. Die Bewegung muß geschmeidig sein. Es darf kein Unterbruch des Ziehens erfolgen, sonst stellt sich das Längegefühl für den Fisch nicht ein.

### 2. Griff: Streichungen, die aussehen wie ein Fragezeichen

Jede Schuppe, jede Flosse
glitscht und pflitscht von dieser Soße.

Dieser Spruchteil wird so oft wiederholt, bis jede Schuppe behandelt ist.

Mit intermittierenden Fragezeichen wird an der Seitenlinie des Körpers von Fuß bis Hand ein ewiger Strich simuliert. Dabei muß guter Kontakt erhalten bleiben.

Intermittierend heißt hier: Mit der einen Hand ziehend streichen. Dann mit der andern Hand eine Handbreit nach dem alten Anfangspunkt einsetzen und dafür eine Handbreit weiter in der gewünschten Richtung fahren. Es darf kein Unterbruch des Ziehens erfolgen. Sonst entsteht kein Längegefühl. Es muß aber «Schuppe um Schuppe» ausgestrichen werden.

Die Griffe sind der klassischen Massage entnommen. Während sie dort auf die Beine beschränkt bleiben, werden sie hier auf den ganzen Körper ausgedehnt. Damit wird die Länge des Körpers bewußt gemacht.

### 3. Griff: Ableitende Streichung

An beiden Seiten saust jetzt schnelle
sanft und satt die Wasserwelle.

Mit einer ableitenden Streichung wird gleichzeitig auf beiden Körperseiten wellenförmig von den Händen her gegen die Füße gezogen.

Noch stärker als beim «Brummbär» werden beim «Fisch» sprechkinästhetische Erlebnisse ermöglicht: Im Mund der Sprechenden rauscht, zischt, pflitscht, matscht und saftet es.

## Schildkröte

Trägst 'nen Panzer auf dem Rücken.
Mit mehr Kraft kann ich nicht drücken.
Für ein Tier mit solcher Kraft –
hab ich halt zuwenig Saft!

**Schildchrott**

Hesch e Panzer uf em Rügge.
Mit meh Chraft chan ig nid trücke.
Für ne Schildchrott sött halt i –
no es bitzeli schwärer sy!

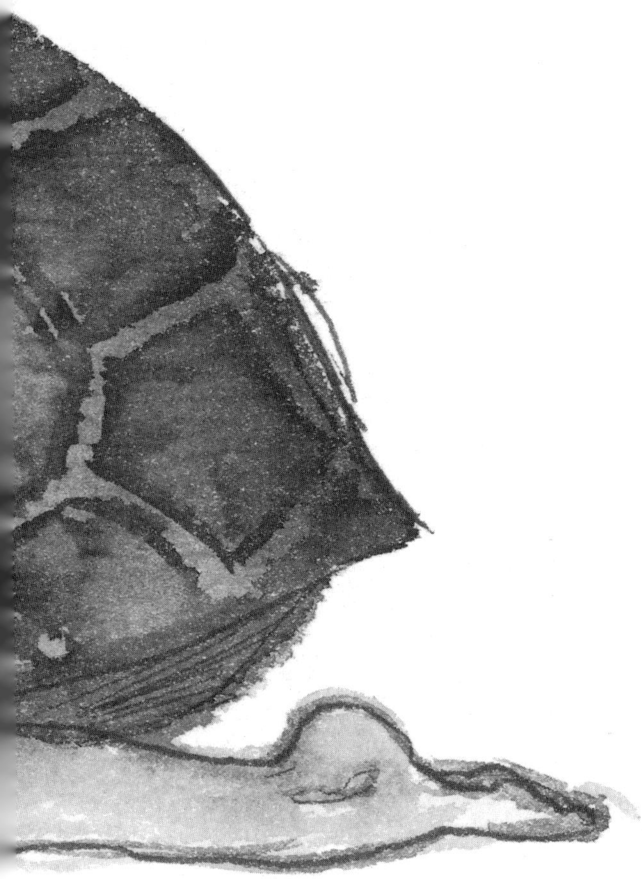

Die Empfänger liegen auf dem Bauch. Die Massierenden knien neben ihnen.

Die Massierenden kreuzen die eigenen Arme und drücken mit dem ganzen Körpergewicht – nicht mit Muskelkraft – auf die Partner. Die eine Hand drückt das Schulterblatt, die andere auf die Gesäßbacke. Es wird in der Diagonale, mit der linken und der rechten Hand gegen außen gedrückt. Nach vier gleichmäßigen, rhythmischen Belastungen werden Schulter und Gesäßbacke gewechselt.

Die Empfänger spüren die Geschlossenheit ihrer Form. Über die Massage hinaus wird den Empfängern Stärke suggeriert. Das hebt das Selbstwertgefühl.

Die Übung dehnt die Wirbelsäule durch Torsion. Das wirkt anregend und erhöht die Körperspannung. Auch im Shiatsu wird diese Übung angewendet.

Mit den Kindern, die nicht automatisch einen Gegendruck aufbauen, kann eine Vorübung gemacht werden. Die Kinder machen zuerst die geschlossene Form der Schildkröte. Dann drückt der Massierende mit einer Hand irgendwo auf den Schild. Die Schildkröte muß versuchen, die Hand zurückzustoßen. Es wird an verschiedenen Stellen gedrückt. Auch am Kopf ist das möglich.

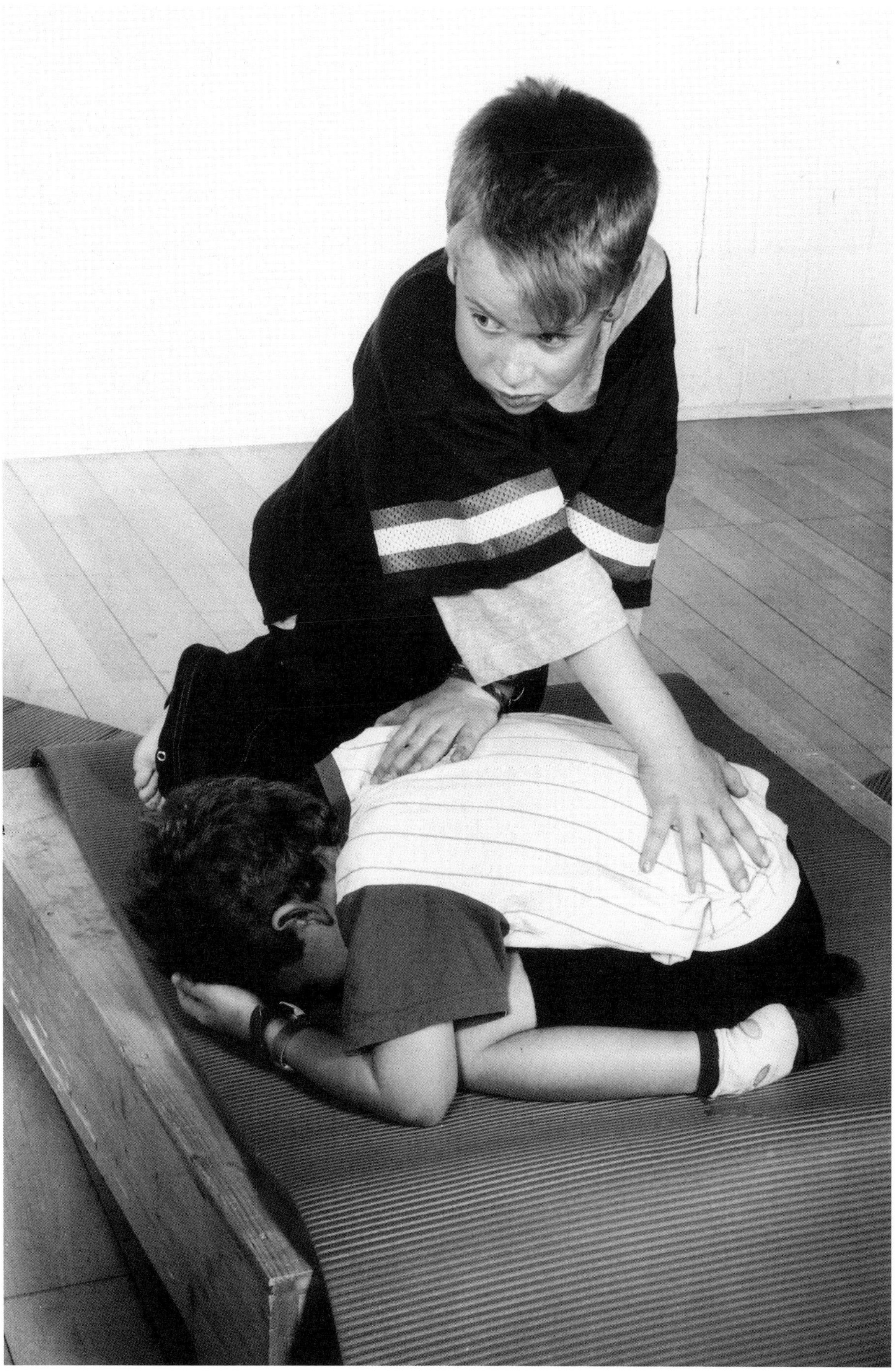

## Murmeltier

Zufrieden bin ich, Murmeltier.
Mein Bauch ist rund und voll.
Bald mache ich den Winterschlaf,
mir ist so warm und wohl.

Die Sonne ruht in meinem Bauch,
wärmt mich die ganze Nacht.
Ich schlafe in der Höhle ein –
sacht weckt des Frühlings Macht.

### Murmeli

Ig bi nes zfridnigs Murmeli,
my Buuch isch feiss und voll,
ig mache gly dr Winterschlaf,
mir isch es warm und wohl.

D Sunne han ig jetz im Buuch.
Si wärmt dr Winter düre.
Ig schlafe i dr Höhli y –
ga ersch im Früehlig füre.

Die Empfänger liegen auf dem Rücken. Die Beine sind angezogen, die Fersen etwas nach außen gedreht. So stehen die Beine ohne aktive Muskelspannung.

### 1. Griff: Intermittierendes Kreisen

Zufrieden bin ich, Murmeltier.
Mein Bauch ist rund und voll.
Bald mache ich den Winterschlaf,
mir ist so warm und wohl.

Die Sonne ruht in meinem Bauch,
wärmt mich die ganze Nacht.

Bevor der fremde Bauch berührt wird, soll einige Zentimeter über der Bauchdecke verharrt werden, ohne diese zu berühren, und zwar so lange, bis die Wärme des Partners gespürt wird. Spüren die Massierenden die Wärme nicht, wird nicht massiert.

Wird die Wärme gespürt, berühren beide Hände sanft die Bauchdecke. Die Massage beginnt beim Ausatmen. Wenn partnerschaftliche Sicherheit verspürt wird, kann das Ausatmen durch leicht zunehmenden Druck der Hände verstärkt werden.

Im Uhrzeigersinn wird mit den flachen, angeschmiegten Händen, die sich von den Wölbungen führen lassen, intermittierend rotiert. Die eine Hand kreist fortwährend. Die andere beschreibt um die stetig massierende Hand herum einen zweiten Kreis und muß dabei das Handgelenk der andern Hand überspringen.

Mit Bauchmassage wird unsere Leiblichkeit mit unserem Energiebedarf und der Energiebereitstellung angesprochen. Neben der physischen Verdauung können wir auch eine psychische Verdauung vermuten. Vitalität und Ängste sind nahe beieinander.

### 2. Griff: Streichen

Wir harmonisieren den Körper durch die Betonung der Symmetrie. Der ganze Körper wird mit einer einzigen, fließenden Bewegung mit den Handflächen beider Hände überstrichen. Die linke Hand streicht auf der linken Körperseite. Die rechte Hand rechts.

Am Schlußpunkt wird fünf Sekunden lang gewartet.

Der Abstrich von Kopf bis Fuß beruhigt:

ich schlafe in der Höhle ein –

Der Aufstrich von Fuß bis Kopf weckt:

sacht weckt des Frühlings Macht.

Variante: Auramassage

In Anlehnung an östliche Philosophien gehen wir bei dieser Variante davon aus, daß der sichtbare Körper von einem unsichtbaren Körper durchdrungen und umgeben ist. Dieser Lichtkörper wird «Aura» genannt. Die Aura kann massiert werden, ohne den Leib zu berühren.

Der Murmeltier-Vers könnte damit beginnen, daß auf dem Bauch längere Zeit intermittierend gekreist wird. Während dem Kreisen lösen wir uns sachte vom Bauch, fahren aber mit dem Drehen einige Zentimeter über dem Bauch fort. Bei folgender Stelle wird in der Luft gewartet.

Die Sonne ruht in meinem Bauch –
wärmt mich die ganze Nacht –

Auch das Streichen geschieht in der Luft und hat dieselbe Wirkung wie beim Berühren.

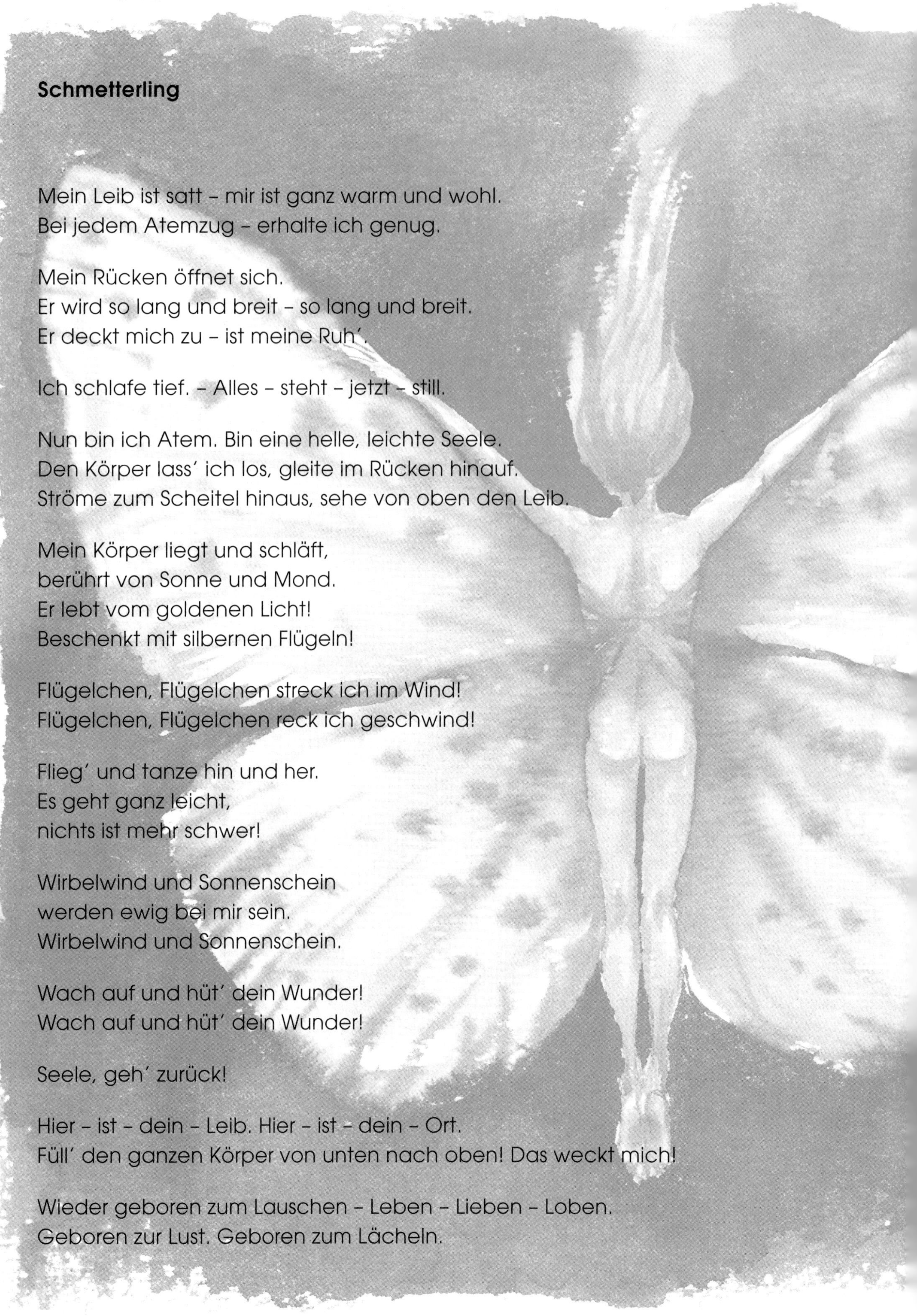

**Schmetterling**

Mein Leib ist satt – mir ist ganz warm und wohl.
Bei jedem Atemzug – erhalte ich genug.

Mein Rücken öffnet sich.
Er wird so lang und breit – so lang und breit.
Er deckt mich zu – ist meine Ruh'.

Ich schlafe tief. – Alles – steht – jetzt – still.

Nun bin ich Atem. Bin eine helle, leichte Seele.
Den Körper lass' ich los, gleite im Rücken hinauf.
Ströme zum Scheitel hinaus, sehe von oben den Leib.

Mein Körper liegt und schläft,
berührt von Sonne und Mond.
Er lebt vom goldenen Licht!
Beschenkt mit silbernen Flügeln!

Flügelchen, Flügelchen streck ich im Wind!
Flügelchen, Flügelchen reck ich geschwind!

Flieg' und tanze hin und her.
Es geht ganz leicht,
nichts ist mehr schwer!

Wirbelwind und Sonnenschein
werden ewig bei mir sein.
Wirbelwind und Sonnenschein.

Wach auf und hüt' dein Wunder!
Wach auf und hüt' dein Wunder!

Seele, geh' zurück!

Hier – ist – dein – Leib. Hier – ist – dein – Ort.
Füll' den ganzen Körper von unten nach oben! Das weckt mich!

Wieder geboren zum Lauschen – Leben – Lieben – Loben.
Geboren zur Lust. Geboren zum Lächeln.

**Schmätterling**

My Lyb isch satt u ig ha gnueg.
Mir isch so warm u müed u wohl.

Bi jedem Schnuuf – geit my Rügge uuf.

Är isch so läng u breit – so läng u breit.
Är chunt jetz uf dr Syten ufe
u deckt mi zue. Jetz han ig Rueh.

Ig schlafen y – ig schlafen y.
Alles steit – jetz – still.

My Körper chan ig jetz la gah.
Schlüfe dür my Rügge düre.
Styge zu myr Scheitlen uus.
Luege ganz vo wytem zue,
wie my Körper ligt u schlaft.

Gluet vo dr Sunne:
Ig läbe vom guldige Liecht.
Vom Mond gschänkt, di silbrige Flügel!

Flügeli, Flügeli streck di uus.
Flüg hin und här und här und hin.
S'chunt Luft u lüpft di uuf,
S'git Schnuuf, Schnuuf, Schnuuf.

Wirbelwind und Sunneschy
wärde ewig bi dr sy.
Wirbelwind und Sunneschy.

Wach uuf u hüet dys Wunder!
Wach uuf u hüet dys Wunder!
Chumm Seel – styg wider y!
Chumm Seel – styg wider y!
Hie isch dy Lyb. Hie isch dy Ort.

Gspür dy Fuess,
lüpf dys Bei, tanz e chlei!
Gspür dy Fuess,
lüpf dys Bei, tanz e chlei!

Der «Schmetterling» ist eine Kombination von Massage und Phantasiereise.

Vielleicht schlafen die Reisenden bei dieser Übung ein. Ein Aufwecken kann mit Strichen geschehen, die bei den Füßen beginnen. Wachrütteln würde erschrecken und ungute Gefühle hinterlassen. Ein Vorbesprechen des Verses ist zum Erwachen hilfreich.

Die Empfänger liegen in der Rückenlage. Die Beine sind angezogen oder in den Kniekehlen gepolstert. Der Kopf ruht auf einem kleinen Kissen.

Die Massierenden knien hinter dem Kopf und halten die Hände auf den Schultern. Das Ausatmen wird mit symmetrischem, sanftem Hinunterdrücken erleichtert. Sollen die Schultern etwas gelockert werden, so wird asymmetrisch, intermittierend hinuntergeschüttelt.

Dann wird der Kopf in beide Hände genommen und eher etwas gezogen, jedenfalls nicht gestoßen. Wenn das Vertrauen da ist, wird der Kopf abgelegt, und die Hände bedekken die Augen. Eine kleine Friktion mit den Fingerspitzen auf der Mitte der Stirn könnte die Phantasie anregen.

Der Text wird bis «Sonnenschein» gelesen. Die Reisenden brechen die Phantasiereise selber ab, indem sie sich auf den Bauch drehen. Nun knien die Massierenden seitwärts. Mit einer Fülle von kleinen Rotationen durch die drei mittleren Finger der rechten Hand wird das ganze Rückgrat massiert. Wir beginnen am Steißbein, arbeiten millimeterweise gegen oben bis zum Nacken. Dort vibrieren wir im Hinterhauptloch mit dem Mittelfinger. Dieses Aufsteigenlassen von Energie wiederholen wir.

Dann werden die Schmetterlingsflügel seitlich ausgestrichen. Wir beginnen bei der Schulter. Die linke Hand liegt links am Rückgrat, die rechte Hand rechts. Die Daumen berühren sich in einer geraden Linie. Mit starkem Druck der Daumen werden mit beiden Händen die Flügel nach außen nachgezeichnet. Nach jeder «Flügelzeichnung» wird gegen unten ein neues Flügelpaar ausgestrichen.

Dann folgt der Rest des Textes. Mit «Smileykreisen» kann der Rücken «zurückgegeben», «bestätigt» werden.

Abschließend könnte man die Reise tanzend feiern.

 

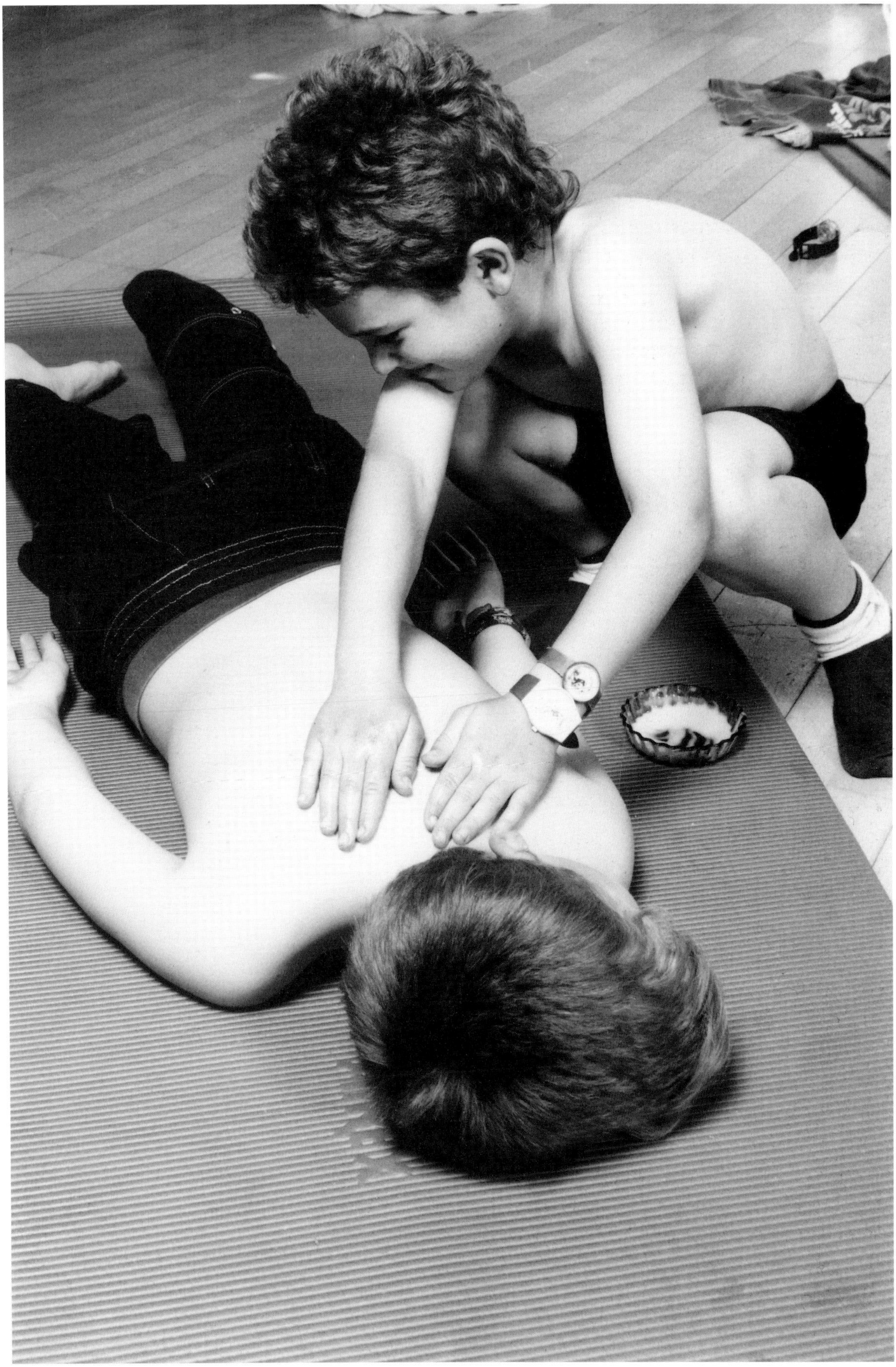

## Die Schlange des Himmels

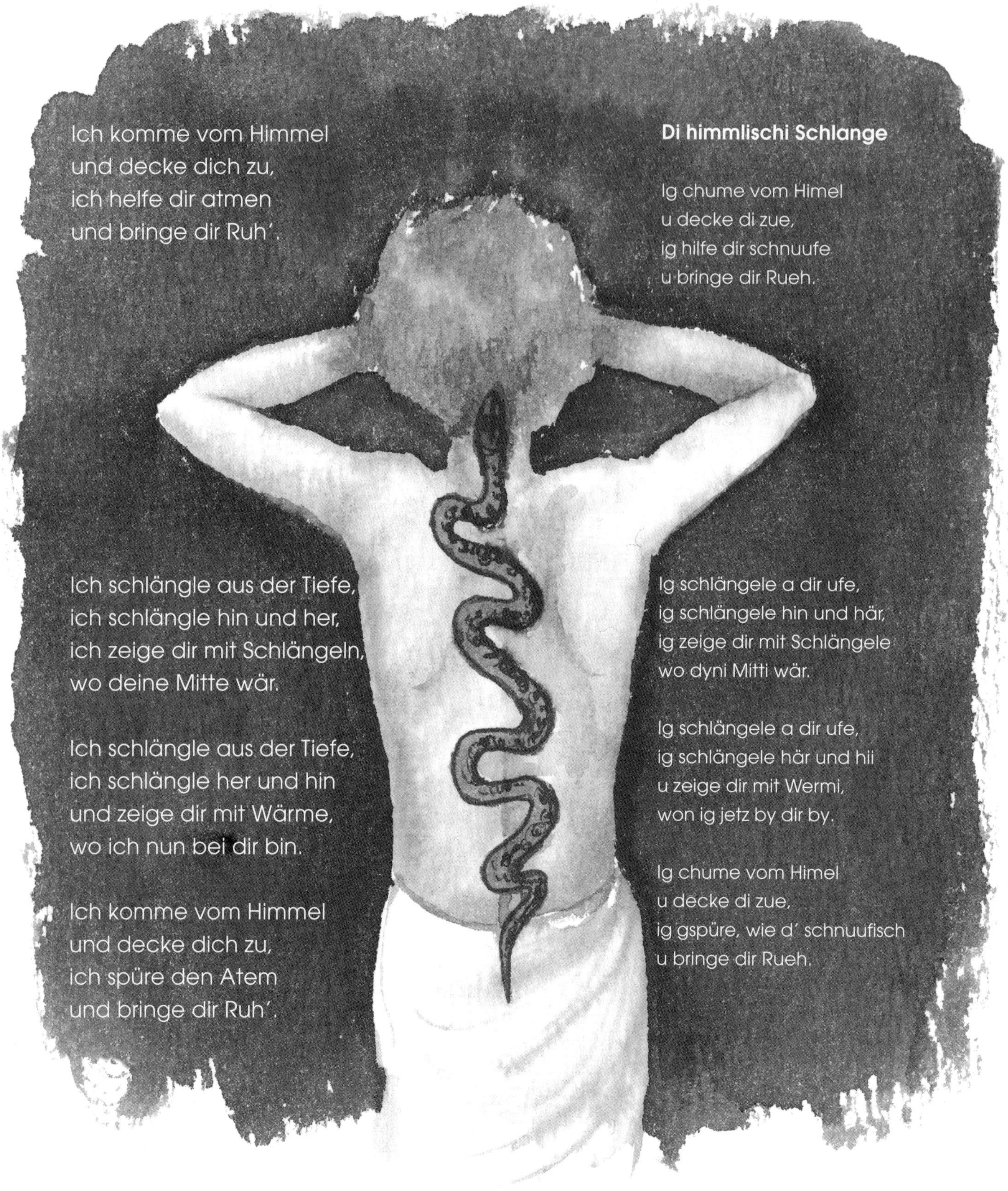

Ich komme vom Himmel
und decke dich zu,
ich helfe dir atmen
und bringe dir Ruh'.

Ich schlängle aus der Tiefe,
ich schlängle hin und her,
ich zeige dir mit Schlängeln,
wo deine Mitte wär.

Ich schlängle aus der Tiefe,
ich schlängle her und hin
und zeige dir mit Wärme,
wo ich nun bei dir bin.

Ich komme vom Himmel
und decke dich zu,
ich spüre den Atem
und bringe dir Ruh'.

**Di himmlischi Schlange**

Ig chume vom Himel
u decke di zue,
ig hilfe dir schnuufe
u bringe dir Rueh.

Ig schlängele a dir ufe,
ig schlängele hin und här,
ig zeige dir mit Schlängele
wo dyni Mitti wär.

Ig schlängele a dir ufe,
ig schlängele här und hii
u zeige dir mit Wermi,
won ig jetz by dir by.

Ig chume vom Himel
u decke di zue,
ig gspüre, wie d' schnuufisch
u bringe dir Rueh.

 

Die Empfänger liegen auf dem Bauch. Die Massierenden knien neben ihnen an der Seite und schauen gegen den Kopf. Als Einstimmung atmen sie im Einklang mit den Empfängern.

**1. Griff: Rotieren von Punkten**

Ich komme vom Himmel
und decke dich zu,
ich helfe dir atmen
und bringe dir Ruh'.

Langsames Senken beider Hände auf die Schulterblätter, so daß beide Daumen in der Nähe des Rückgrates auf die Anregungspunkte für den Atem zu liegen kommen. Auf diesen Punkten wird im Uhrzeigersinn spiralförmig nach innen gekreist. Das Kreisen auf den Akupressurpunkten geschieht beim Ausatmen. Beim Einatmen wird der Druck von Händen und Daumen zurückgenommen.

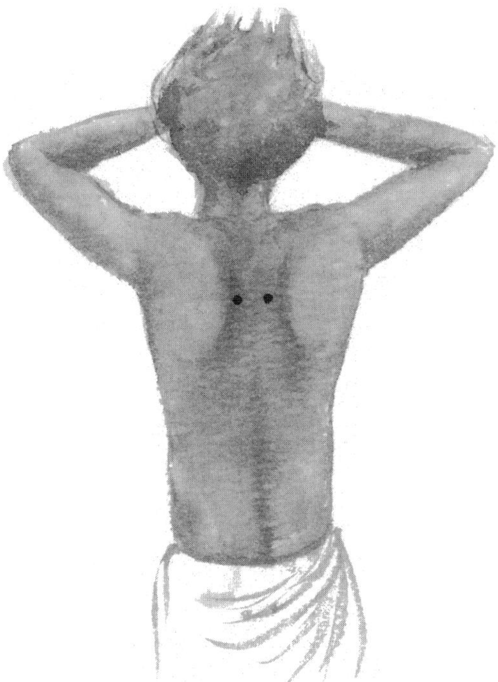

**2. Griff: Streichen mit dem Mittelfinger**

Ich schlängle aus der Tiefe,
ich schlängle hin und her,
ich zeige dir mit Schlängeln,

Mit dem Mittelfinger eine aufsteigende Schlangenlinie (um jeden Wirbel herum) streichen, beginnend am Kreuzbein. Das Herumfahren um die einzelnen Wirbelkörper muß sorgfältig und ruhig erfolgen.

**3. Griff: Ausstreichen der «Filetmuskeln»**

wo deine Mitte wär.

Ausstreichen mit Mittel- und Zeigefinger links und rechts vom Rückgrat hinunter bis auf das Kreuzbein. Ein Vibrieren beim Hinunterstreichen betont die Körpermitte. Beide Varianten sind schön.

**4. Griff: Streichen**

Ich schlängle aus der Tiefe,
ich schlängle her und hin

Mit dem Mittelfinger eine aufsteigende Schlangenlinie (um jeden Wirbel herum) streichen, beginnend am Kreuzbein.

**5. Griff: Wärmestrahlung vermitteln**

und zeige dir mit Wärme,

Finger sachte von der Wirbelsäule lösen. Mit der Handfläche in Zeitlupentempo, einen Zentimeter von der Wirbelsäule entfernt, zum Kreuz hinunterfahren.

#### 6. Griff: Pression auf dem Kreuzbein

wo ich nun bei dir bin.

Beide Hände aufeinandergelegt drücken auf den oberen Rand des Kreuzbeins. Der Druck geht gegen die Füße hinunter, nicht durch den Bauch hindurch.

#### 7. Griff: Beruhigen und schützen

Ich komme vom Himmel
und decke dich zu,
ich spüre den Atem
und bringe dir Ruh'.

Die Wiederholung des Versanfangs zum Abschluß beruhigt, wenn auf das Rotieren der Akupressurpunkte verzichtet wird. Die Hände könnten dort verweilen, wo das Rückgrat am wärmsten ist.

Die Arbeit am Rückgrat und am Atem führt uns in den Bereich der Energieregulation. Nach anthroposophischer Ansicht bindet uns das Rückgrat gleichsam an die universale Geistigkeit. Nach der indischen Lehre der Kundalini schlummert im Beckenbereich eine starke Vitalkraft. Sie gleicht einer zusammengerollten Schlange, die, einmal aufgeweckt, dem Rückgrat entlang hinaufschießt. In diesem Vorgang transformiert sich irdische Vitalität zu feinerer geistiger Kraft. Durch das Drücken von Akupressurpunkten regen wir den Atem an. Auch so wird der Energiefluß angeregt.

## Der junge Specht

Der Wurm ist drin!
Der Wurm muß raus!
Ich zwicke, zwacke ihn heraus!

Ta – tack, ta – tack, ta – tack.

Und steckt er noch so tief im Loch:
Ich krieg' ihn doch, ich krieg' ihn doch!

Der Wurm ist drin!
Der Wurm muß raus!
Ich zwicke, zwacke ihn heraus!

Tack – tack – tack!
Tack – tack – tack!
Tack – tack – tack!

### Dr jung Spächt

Dr Wurm isch drin.
Dr Wurm mues druus!
I grüble, will er use mues.

Ta – tac, ta – tac, ta – tac.

U steckt är no so töif im Loch:
Ig packe ne doch! Ig packe ne doch!

Dr Wurm isch drin.
Dr Wurm mues druus!
I grüble, will er use mues.

Tac – tac – tac!
Tac – tac – tac!
Tac – tac – tac!

 

Bei diesem Spruch geht es ums Zuhören, um Rhythmus, Resonanz und Dynamik. Der «Baumstamm» liegt auf dem Bauch.

### 1. Griff: Federndes Klopfen

Der Wurm ist drin!
Der Wurm muß raus!
Ich zwicke, zwacke ihn heraus!

Ta - tack, ta - tack, ta - tack.

Federndes Klopfen mit der Fingerbeere des Mittelfingers auf die einzelnen Wirbelkörper des Rückgrates. Der «maschinenhafte» Rhythmus im Text «Der/Wurm/ist drin ...» wird durch den Auftakt des «Ta – tack» in peitschender Art gebrochen.

### 2. Griff: Friction mit einem Finger

Und steckt er noch so tief im Loch:

Konzentrisches, spiralförmiges Kreisen, rechtsdrehend, an der Oberkante des Schultermuskels.

Ich krieg' ihn doch, ich krieg' ihn doch!

Exzentrisches, spiralförmiges Kreisen, linksdrehend, an der Oberkante des Schultermuskels.

### 3. Griff: Federndes Klopfen

Der Wurm ist drin!
Der Wurm muß raus!
Ich zwicke, zwacke ihn heraus!

Tack - tack - tack!
Tack - tack - tack!
Tack - tack - tack!

Leichtes Klopfen mit der Fingerbeere des Mittelfingers auf die einzelnen Wirbelkörper des Rückgrates. Zur Beruhigung wird das «Tack – tack – tack» in einem swingenden, langsamer- und leiserwerdenden Dreierrhythmus gehalten.

Dieser Spruch bedient sich der Kraft der deutschen Sprache. Die bernische Mundart eignet sich weniger zum Darstellen der insistierenden Präzision der Arbeit eines Spechtes.

## Der alte Specht

Ich klopfe an … und horche gut,
was sich in der Rinde tut.
Ich klopfe an … und horche still,
weil ich was zu essen will!
Was höre ich?

Raupen, die krabbeln?
Käfer, die zappeln?
Würmlein, die sich winden
und selber etwas finden?

Ich picke hier und picke dort.
Ich habe Glück an diesem Ort.

Ich bohre tief und ganz versessen:
Das ist mein herrlich Mittagessen.

Mein lieber Baum, ich danke schön!
Ich freu' mich auf ein Wiedersehn.

**Dr alt Spächt**

Ig töpperle … u lose guet,
was sich unger dr Rinde tuet.
Ig töpperle … u bi ganz still,
will ig gly öppis z Ässe will!
Was ghören ig?

E Roupe, wo mampfet?
E Chäfer, wo chrampfet?
Es Würmli, wo sech windet
u sälber öppis findet?

Ig pickle hie … u pickle da …
Emänd chönnt's öppis ha!
My chläberigi Zunge,
het es Znüni gfunge.

So, Boum, jetz han ig gnue –
u la di drum i Rueh.

 

Der «Baum» liegt auf dem Bauch. Der Specht kniet daneben und schaut gegen den Kopf.

**1. Griff: Klopfen**

Ich klopfe an ... – klopfen!
und horche gut, – klopfen!
was sich in der Rinde tut. – klopfen!
Ich klopfe an ... und horche still,
weil ich was zu essen will!

Leichtes, federndes Anklopfen der einzelnen Wirbelhöcker mit der Fingerbeere des Mittelfingers. Zwischen den Sequenzen des Rhythmus wird gehorcht.

Was höre ich? - warten.

**2. Griff: Streichen des Bindegewebes**

Raupen, die krabbeln?

«Raupenfraß», auf jeder Seite des Rückgrates eine Passage.

**3. Griff: Kneten**

Käfer, die zappeln?

Intermittierendes, spitzes Kneten mit Daumen und Zeigefingern auf dem Rückgrat.

**4. Griff: Streichen**

Würmlein, die sich winden
und selber etwas finden?

Eine Schlangenlinie mit dem Zeigefinger übers Rückgrat hinauf. Um jeden Wirbelhökker herum streichen.

**5. Griff: Klopfen**

Ich picke hier und picke dort.
Ich habe Glück an diesem Ort.

Eine offene Hand polstert das Schulterblatt. Klopfen mit der Faust auf die offene Hand.

**6. Griff: Friktion (rotieren)**

Ich bohre tief und ganz versessen:

Paralleles Arbeiten in den Gruben oberhalb der Schulterblätter mit den Daumen. Konzentrisches spiralförmiges Kreisen, rechtsdrehend. Der Druck nimmt zu.

Das ist mein herrlich Mittagessen.

Auflösen der obigen Figur am gleichen Ort. Exzentrisches, spiralförmiges Kreisen, linksdrehend. Der Druck nimmt ab.

**7. Griff: Ausstreichen des Körpers**

Mein lieber Baum, ich danke schön!
Ich freu' mich auf ein Wiedersehn.

Langsames, ableitendes Streichen von der Scheitel bis zu den Füßen.

**Fitneß für die Heuschrecke**

Wie weich und warm die Wade wird,
wenn unten man viel Öl dranschmiert.

Schüttle hin und schüttle her,
ich knete diesen Muskel leer.

Oben kreisen kleine Kreise –
unten kreisen kleine Kreise.

Ich schüttle nun den ganzen Schinken.
Das weckt die Kraft, vertreibt das Hinken.

Der Doppeldecker streicht das Knie –
du spürst die Wärme wie noch nie.

Müskelchen kneten spitz und klein:
Abheben vom Knochen, aber fein!

Bein jetzt kneten: langsam! – schnell!
Fest ergreifen – durchgeschüttelt! –

Fertig ist das Fahrgestell!

**Am Heugümper sy Service**

Wi weich und warm das Wädeli wird,
we unge dra me Öl draschmiert.

Waggele hin und waggele här,
jetz chnätten ig dyni Muskle läär.

Obe rugele rundi Redli –
unde rugele rundi Redli.

Schüttle jetz dä Schänkel i Sänkel.

Es Chäppeli um ds Chnöi –
jetz isch es wie nöi.

Müskeli uuf und Müskeli ab:
ig lüpfe di guet vom Chnöcheli ab!

Ds Bei jetz chnätte: langsam! – schnäll!
Ungeregryffe – dürehudle!

Fertig isch das Chnochegstell!

 

Die «Heuschrecke» enthält viele Teile einer Sportmassage für das Bein. Diese 10 Übungen können mit den Kindern zusammengebaut werden.

Die Empfänger liegen in der Rückenlage. Das Knie des zu behandelnden Beines ist angezogen. Das Gewicht lastet auf der Fußfläche. Die Behandelnden knien neben dem Bein.

## Unterschenkel

### 1. Griff: Kreisendes Streichen

Wie weich und warm die Wade wird,
wenn unten man viel Öl dranschmiert.

Mit der linken Hand wird das Knie gehalten. Mit der rechten Hand wird von rechts her unter den Wadenmuskel gegriffen. Mit geschmeidigem Kreisen wird der Muskel angewärmt.

### 2. Griff: Reiben mit der offenen Hand

Schüttle hin und schüttle her,

In der gleichen Position wird mit der Zeigefinger- und der Daumenkante der Muskel quer massiert. Diese Sichelbewegung greift sehr rund und tief, weit nach links um den Muskel herum. Die Sichel wandert nach oben.

### 3. Griff: Kneten

ich knete diesen Muskel leer.

Der Wadenmuskel wird einhändig voll und tief geknetet.

## Oberschenkel

### 4. Griff: Rotationen mit beiden Handflächen

Oben kreisen kleine Kreise –
unten kreisen kleine Kreise.

Die Hände formen über dem Knie ein Dach. Damit der Unterschenkel nicht wegrutscht, darf man auf die Fußspitze der Heuschrecke sitzen. In Richtung des Schrittes wird nun flach, aber mit Druck gekreist. Bei den Geschlechtsteilen wird nur noch mit der äußeren Hand massiert. Diese kreist bis zu den Hüften hinauf.

Die beiden Hände formen beim Anfang des Oberschenkels, unter dem Knie, ein V (das Gegenteil des Daches). Gekreist wird in der Richtung des Schrittes, wie beim 4. Griff.

### 5. Griff: Walken

Ich schüttle nun den ganzen Schinken.
Das weckt die Kraft, vertreibt das Hinken.

Beide Hände fassen in der Mitte des Oberschenkels außen und innen. Das ganze Muskelpaket wird um den Knochen herumgerollt.

## Am Knie des abgelegten Beines

### 6. Griff: Streichen

Der Doppeldecker streicht das Knie –
du spürst die Wärme wie noch nie.

Beide Hände massieren aufeinandergelegt, spiralförmig um die Kniescheibe herum das Knie.

### 7. Griff: Kneten mit den Fingerspitzen

Müskelchen kneten spitz und klein:
Abheben vom Knochen, aber fein!

Mit den Fingerspitzen beider Hände werden an beiden Knieseiten die kleinen Muskelstränge horizontal intermittierend geknetet.

### 8. Griff: Kneten mit beiden Händen

Bein jetzt kneten: langsam! - schnell!

Das Bein wird außen und innen, ab Knie, zusätzlich oben auf dem Oberschenkel, intermittierend mit beiden Händen geknetet.

### 9. Griff: Schütteln des Beines

Fest ergreifen - durchgeschüttelt! -
Fertig ist das Fahrgestell!

Beide Hände fassen das Knie unten herum und schütteln mit zunehmender und abnehmender Intensität auf und ab.

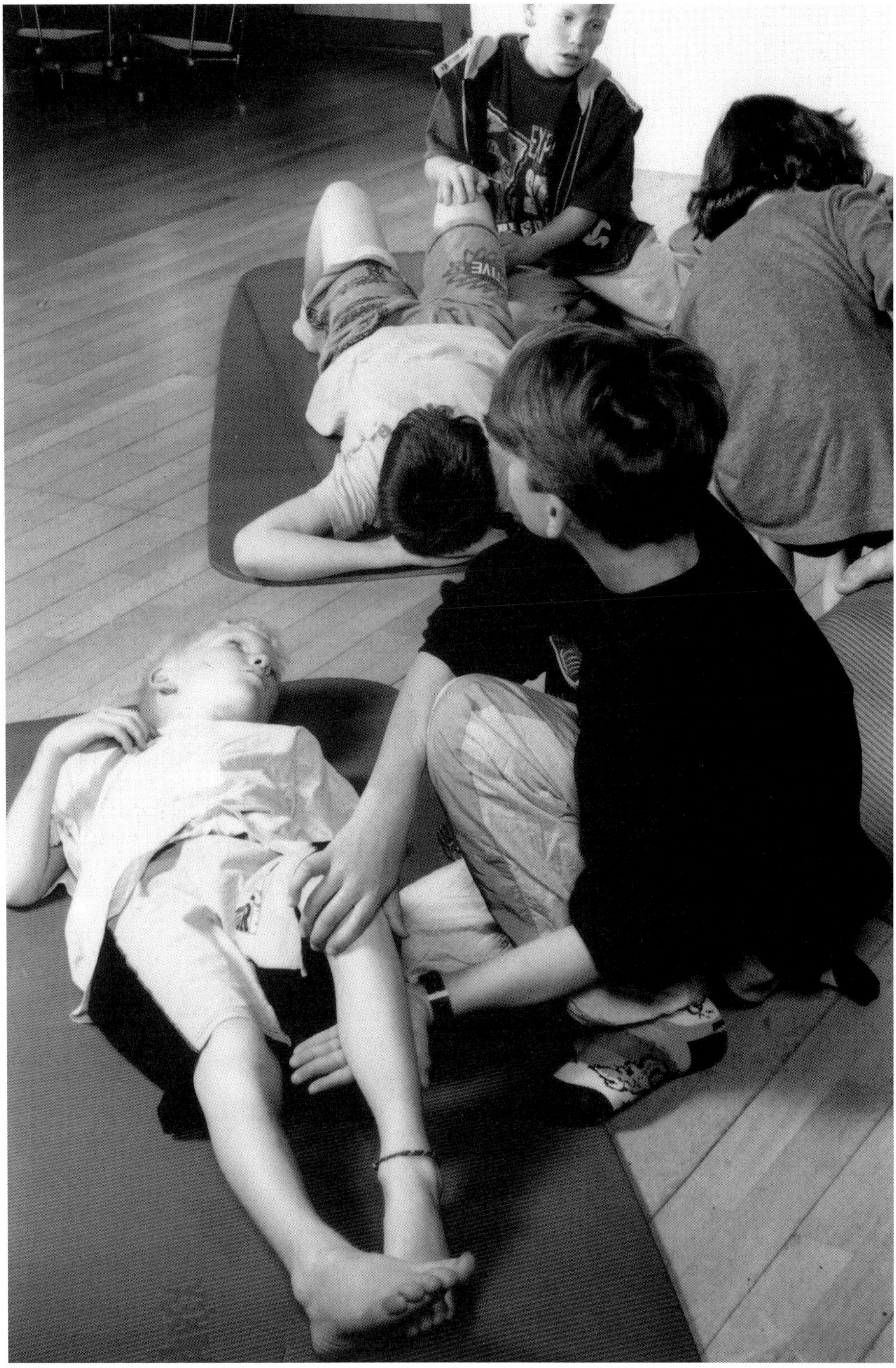

**Dracula**

Sieben Messer stechen dich!
Blut fließt runter!
Spinnen in den Haaren!
Draaaculaaa!

Bei dieser Übung, die Kindern abgeschaut wurde, steht die Massage nur im Hintergrund. Das Gruselige, das Schauern und Befürchten ist das Schöne.

Das Opfer sitzt auf einem Stuhl oder auf dem Pult, so daß der Rücken von hinten frei zugänglich ist. Dracula steht hinter dem Rükken des Opfers.

Sieben Messer stechen dich!

Im Rhythmus der sieben Silben wird mit den Zeigefingerspitzen an verschiedenen Orten in den Rücken gestochen.

Blut fließt runter!

Beide Hände werden parallel geführt. Die Finger sind gespreizt. In einer Schlangenlinie wird von den Schultern bis zum Kreuzbereich hinuntergestrichen.

Spinnen in den Haaren!

Beide Hände werden parallel geführt. Die Finger sind gespreizt. Ohne die Kopfhaut zu berühren, wird spinnenhaft in den Haaren herumgefahren.

Draaaculaaa!

Auf den Seiten wird mit den Fingern überraschend in die Schultern gekniffen. Nicht würgen! Dieser Griff soll bloß erschrecken. Sehr gefährlich wäre ein plötzlicher Druck im Bereich der Halsschlagader.

## Plaggeist

Hinterm Ohr, hinterm Ohr
kriech ich bei dir hervor.

Halb so süß wär es zum Naschen,
hättest du den Hals gewaschen!

Mit der ganzen Daumenspitze
bohre ich in diese Ritze.

Mit dem Ellenbogenknochen
wird jetzt ins Gesäß gestochen.

Weiter geht es – schnurgerade –
bis zur Grube deiner Wade.
Hier drücke ich mit Kraft die Sehne.
Spürst du Lust? Kommt eine Träne?

Ich zwicke – zwacke dich!
Ich hicke – hacke dich!

**Plaggeischt**

I graagge dir vom Ohr zum Hals.
Was gsehn ig alls?
Was gspüren ig alls?

Will mi dr Dräck am Hals tuet gruuse,
man ig nid a dir umeschmuuse!

Ig grüblen ungerem Schulterblatt.
Tuet's weh? Tuet's wohl? Ig finde's glatt!

Ellbogechraft! Grad mit em Chnoche
wird schreg i d Füdlebacke gstoche.

Wyter geit's – grad schnuergrad abe –
bis z'mitts i ds Grüebli vo dyr Wade.
Hie pressen ig mit Gwalt dy Sehne.
Gspürsch du Luscht? Chunnt dir e Träne?

Ig zwicke – zwacke di!
Ig hicke – hacke di!

 

Hier wird die Ambivalenz der Gefühle gelernt. Lust und Schmerz treten gleichzeitig auf. Das «Opfer» liegt auf dem Bauch. Der «Plaggeist» kniet daneben.

**1. Griff: Streichung oder Rotation**

Hinterm Ohr, hinterm Ohr
kriech ich bei dir hervor.

Mit der Faust wird vom Ohr bis zum Trapezmuskel hinuntergefahren. Dabei kann rotiert werden: langsam, gleichmäßig, stark.

**2. Griff: Rotation mit den Daumen**

Halb so süß wär es zum Naschen,
hättest du den Hals gewaschen!

Ansatz des Trapezmuskels sehr langsam und mit großem Druck rotieren.

**3. Griff: Rotation**

Mit der ganzen Daumenspitze
bohre ich in diese Ritze.

Versuchen, mit der Faust unter das Schulterblatt zu kommen.

**4. Griff: Rotation mit dem Ellenbogen**

Mit dem Ellenbogenknochen
wird jetzt ins Gesäß gestochen.

Jetzt die Trochantergrube im Gesäßmuskel bearbeiten.

**5. Griff: Streichen mit der Faust**

Weiter geht es – schnurgerade –
bis zur Grube deiner Wade.
Hier drücke ich mit Kraft die Sehne.
Spürst du Lust? Kommt eine Träne?

Dem Sehnenband entlang zwischen den beiden Wadenmuskeln darf sehr stark und tief, aber nur langsam mit der Faust auf und ab gestrichen werden. Nicht seitlich abgleiten. Das verursacht starken Schmerz.

**6. Griff: Streichen des Bindegewebes**

Ich zwicke – zwacke dich!

Vier Abteilungen «Raupenfraß» auf dem Rücken. Oder auch nicht zu grobes Kneifen von Hautfalten.

**7. Griff: Hacken oder Klatschen**

Ich hicke – hacke dich!

Vier Passagen Hacken von Fuß bis Schulter (Nieren auslassen). Dabei wird das «Hicke – Hacke» beliebig wiederholt.

## Schweinchen schlachten

Schweinchen töten: pum – pum – pum.

Ohr wegschneiden – Ohr wegschneiden
Aug ausstechen – Aug ausstechen.
Rüssel abschneiden – Rüssel abschneiden.

Kopf abschneiden.

Fuß wegschneiden – Fuß wegschneiden.
Bein wegschneiden – Bein wegschneiden.
Fuß wegschneiden – Fuß wegschneiden.
Bein wegschneiden – Bein wegschneiden.

Bauch aufschneiden: Därme raus!

**Söili metzge**

Söili tööde: pum – pum – pum.

Ohr abhoue – Ohr abhoue.
Öigli usestäche – Öigli usestäche.
Schnörrli usehoue – Schnörrli usehoue.

Chopf abschnyde.

Bei abhoue – Bei abhoue.
Fuess abhoue – Fuess abhoue.
Bei abhoue – Bei abhoue.
Fuess abhoue – Fuess abhoue.

Buuch ufschnyde: d Därm usenäh!!!

Das «Schweinchen» liegt auf dem Rükken und streckt alle Viere leicht von sich.

Die eine Faust wird auf die Stirn gelegt. Mit der andern wird dreimal auf die Faust geklopft.

Mit dem Zeigefinger werden alle Sinnesorgane am Kopf umfahren und so symbolisch abgeschnitten. Das geschieht sanft und sorgfältig.

Die Verdoppelung der einzelnen Operationen wird wie ein Frage- und Antwortspiel betont:

Ohr wegschneiden???? –
Ohr wegschneiden!!!!

Der «Rüssel» wird gleich zweimal abgeschnitten. Die andern Körperteile werden mit der Handkante wie mit einer Schneidebewegung abgetrennt.

**Beim Kehlkopf darf überhaupt nicht gedrückt werden.**

Linker und rechter Körperteil werden unmittelbar nacheinander behandelt. Beim Bauchaufschneiden wird von der Kehle bis zur Blase mit der Handkante gestrichen.

Anschließend wird mit beiden Händen voll und unerwartet in die Gedärme gegriffen, wie wenn man sie herausnehmen wollte. Das erschreckt das Schweinchen und macht es wieder quicklebendig.

Dieser «Kinderbrutalo» wurde im Emmental und in der Gegend von Schwarzenegg auf Pausenplätzen beobachtet.

Das Töten und Zerfleischen steht im Vordergrund. Gleichzeitig ist es aber Tarnung für liebevolles, zärtliches Streicheln im Gesicht. Die Moral hätte zu fragen, warum die beobachteten Kinder unter brutalen Vorzeichen zärtlich sein müssen.

Zu denken gibt die Tötungsart. Dem Opfer wird eine Faust auf die Stirn gelegt. Mit der andern pocht der Tod dreimal an. Warum liegt die Faust gerade dort, wo östliche Kulturen das dritte Auge wähnen. Ist es wegen dem Bolzenschußapparat des Metzgers? Aber der schießt ja nur einmal!

Dann werden den Kindern Hände und Arme, Füße und Beine abgeschnitten. Auf alten Tarotkarten wird der Tod als Sensenmann dargestellt, die Menschen «kopflos» und ohne Hände und Füße.

Nach dem überraschenden Schlußgriff in die Därme der Kinder werden diese wieder munter und bauen ihre Spannung durch ein Gelächter ab. In östlichen Kulturen ist der Bauch das Hara, das Zentrum der Existenz. Auf der alten Tarotkarte sehen die abgeschnittenen Köpfe freundlich aus.

Ich halte dieses Kinderspiel für wertvoll. Es scheint archaische Tiefen menschlicher Existenz zu berühren. Im Gegensatz zu Grausamkeiten, die mit den Medien an uns herangetragen werden, erleben die Kinder das Sterben gleichnisartig am eigenen Leib. Aber der Tod ist nicht das Ende. Im Säulitod sind das Quicklebendigwerden, der Wunsch nach Unversehrtsein, vielleicht sogar eine Ahnung vom ewigen Leben eingebettet. Es ist ein Integrationsversuch von Archetypen in unserer gewalttätigen Welt.

Ich fragte ein 10jähriges Bauernkind, das auf dem Hof das Schlachten noch miterlebt, ob denn der Massagevers nicht grausam sei. Es protestierte: «Aber das ist doch ganz etwas anderes!» Beim «richtigen» Schlachten verschwinde es, wenn es könne.

Es ist wichtig, daß ein Rollentausch stattfindet. Zufügen und erleiden, beides muß erlebt werden.

# Wo die Zeit stillsteht

## Vom Berührt- und Ergriffenwerden

Soll die Aussage von Musik ins Zentrum gerückt und durch Berührung verstärkt werden, eignet sich ernste Musik, allenfalls auch melodiöse Unterhaltungsmusik. Es geht um die Nähe von zwei Menschen, die sich mit Berühren und Berührtwerden durch die Musik treffen. Teilnahme wird in der französischen Sprache mit «profondément touché» ausgedrückt.

Die Kombination von Musik und Berührung mit feinsten Vibrationen und Rotationen von Akupressurpunkten könnte als «Minimale Massage» bezeichnet werden.

Tiefe Erfahrungen können gesammelt werden, wenn die Empfänger auf dem Bauch liegen und das Rückgrat die Brücke von Geben und Nehmen bildet. Der Atem der Gebenden richtet sich nach dem Atem der Beschenkten.

### Welches ist die beste Stelle des Körperkontaktes?

Die Massierenden nehmen das Rückgrat wie ein Mäppchen der Hängeregistratur in beide Hände, versuchen es seitlich so anzustoßen, daß der ganze Körper ins Schwingen kommt, und lassen das Schwingen wieder ausklingen. Man merkt durch Ausprobieren sofort, welche Stellen des Rückgrates das Schwingen am leichtesten übertragen. Wahrscheinlich spürt man dort auch die Wärmestrahlung des Rückgrates am besten.

### Die ordnende Dynamik der Musik wird unterstützt

Ein präzises Anschwingen des Rückgrates verstärkt die eindringliche Verbindlichkeit des Metrums. Im Andante aus BACHS Italienischem Konzert in F-Dur bieten sich die fundamentartigen Doppelschläge in der Baßstimme sehr gut an.

Die Aufnahme von STANISLAV BUNIN eignet sich besonders, weil sie klar ist. Für Liebhaber von etwas dramatischeren Bässen und elektronischem Sound eignet sich die Aufnahme auf der CD *Classic Fantasy II.*

Das Anstoßen des zweiten Achtels in jedem Takt muß sehr präzise und sicher geschehen. Der Impuls soll die Musik hervorlocken, also eine Gedankenlänge zu früh kommen. Es ist ein Impuls, der zum Sehen mit dem Herzen zwingt. Auf dem dritten Achtel darf man dann das Schütteln ausschwingen lassen.

Es muß sehr leicht, fast zufällig gearbeitet werden, als wäre gar nichts da. Das Ausschwingen des sich in Resonanz befindenden Körpers ist je nach Substanz des Körpers unpräzise. Die zwei Achtel dürfen beim Anschwingen zusammengefaßt werden.

Diese Musik kann auch für das Ziehen (Schütteln) an einem Bein benutzt werden.

 

## Vom Da-Sein

Wer mehr geschehen lassen und noch weniger tun will, kann einfach da sein.

Die Hände bedecken die gefundene, sensible Stelle des Rückgrates und helfen mit sehr leichtem, sich ergebendem Drücken beim Ausatmen.

Das Choralvorspiel «Ich ruf zu dir, Herr Jesu Christ» ist ergreifend. Die Aufnahme von Stanislav Bunin eignet sich besonders, weil sie sehr schlicht ist.

Wer zwar geschehen lassen und noch etwas dazutun will, kann zusätzlich kleine Rotationen im Bereich des Rückgrates anbringen.

Mit den Fingerspitzen rotieren geschieht automatisch und lädt zum Träumen ein. Seitlich der Wirbelhöcker rotieren die Fingerspitzen in kleinen Kreisen auf der Muskulatur.

Druck und Geschwindigkeit passen sich der Musik und dem Atemrhythmus der Empfänger an. Man kann konzentrisch oder exzentrisch rotieren, links oder rechts drehen. Nicht alle Menschen nehmen einen Unterschied wahr.

Man kann auch langsam seitlich dem Rückgrat entlang hinauf und hinunter rotieren: Aufsteigen weckt und regt an. Hinuntersteigen beruhigt und deckt zu.

*Massiere die Empfängerin nach ihrer Lieblingsmusik und wähle dazu die passenden Griffqualitäten und die entsprechende Dynamik.*

## Weiterführende Literatur


Ideen für Partnerübungen, aber nicht direkt für Kinder und Jugendliche übernehmbar:

INKLES, GORDON: *Neue Massage zu zweit.* München, Heyne 1980, 293 S.

Über die spirituelle Dimension der Massage:

DOWNING, GEORGE: *Massage und Meditation.* Berlin, Herzschlag Verlag 1984, 127 S.

Einige schulmedizinische Aspekte über Wirkungen der Massage sollten wir kennen:

HADORN, WALTER: *Lehrbuch der Therapie.* Bern, Stuttgart, Wien, Huber 1976, 933 S.

Aus der anthroposophischen Medizin: Massage geht tiefer als unter die Haut:

HAUSCHKA, MARGARETHE: *Rhythmische Massage nach Dr. Ita Wegmann.* Boll über Göppingen, Schule für künstlerische Therapie und Massage 1978, 200 S.

Schmerzen können mit Akupressur angegangen werden. In eine Massage können verschiedene Elemente eingebaut werden:

BAHR, FRANK R.: *Akupressur.* Erfolgreiche Selbstbehandlung bei Schmerzen und Beschwerden. München, Mosaik Verlag 1976, 159 S.

OHASHI, WATARU: *Shiatsu,* Japanische Fingerdrucktherapie. Freiburg im Breisgau, Bauer 1977, 143 S.

WOLF, ULRICH: *Schmerzfrei durch Akupressur und Akupunktur.* München, Heyne 1975, 139 S.

Standardwerke des autogenen Trainings für eine solide Entspannungstechnik:

BIERMANN, GERD: *Autogenes Training mit Kindern und Jugendlichen.* München/Basel, Reinhardt 19782, 157 S.

THOMAS, KLAUS: *Praxis der Selbsthypnose des Autogenen Trainings.* Stuttgart, Thieme 1976[4], 131 S.

Von Energien und deren Fluß. Mit Massage kann man Energie steuern:

SHARAMON, SHALILA und BAGINSKI, BODO J.: *Reiki.* Universale Lebensenergie. Essen, Synthesis Verlag 1985, 238 S.

TESCHLER, WILFRIED: *Das Polarity Handbuch.* Haldenwang, Schangrila 1984, 124 S.

SCHWEIGER, CÄSAR: *Bio-Energetik-Praxis.* Frankfurt/Main, Sensus Verlag 1977, 45 S.

Verbindung von Energiefluß und Yoga; wir können unsere Energien steuern:

LÜTGE, LOTHAR RÜDIGER: *Kundalini.* Die Erweckung der Lebenskraft. Freiburg, Bauer 1989, 277 S.

Hier sind Verbindungen von verschiedenen esoterischen Disziplinen aufgeführt. Stimmen alle Zusammenhänge?

SHARAMON, SHALILA und BAGINSKI, BODO J.: *Das Chakrahandbuch.* Durach, Windpferd Verlag 1990, 248 S.

Unterstützung gewähren spezielle Öle und Salben. Damit kann unsere Massage in den Gesundheitsbereich eingebracht werden:

PÜTZ, JEAN und NIKLAS, CHRISTINE: *Die 5-Minuten-Kosmetik.* Köln, vgs verlagsgesellschaft 1990, 97 S.

TISSERAND, ROBERT B.: *Aromatherapie.* Freiburg, Bauer 1980, 369 S.

Hier wird Massage als Dimension einer komplexen körperorientierten Psychotherapie verstanden:

ROSENBERG, JACK LEE u.a: *Körper, Selbst und Seele.* Oldenburg, Transform 1989, 416 S.

Farben des Umfeldes wirken auf unsere Stimmungen und Gefühle:

SCHIEGEL, HEINZ: *Color-Therapie.* Freiburg, Bauer 1982[2], 208 S.

## Empfohlene Musik

Als «neue Hexe» kennt die Autorin viel von der alten Mutter Erde. Wir sind ein Teil davon:

FRANCIA, LUISA: *Mond. Tanz. Magie.* München, Verlag Frauenoffensive 1986², 138 S.

Die Sprache mit ihren Lauten in den Versen beeinflußt die Wirkung unserer Massage:

SLEZAK-SCHINDLER, CHRISTA: *Vom Leben mit dem Wort.* Dornach, Verlag am Goetheanum 1992, 107 S.

Diese Musik ist stimmungsvolle Unterhaltungsmusik:

KITARO: *Silver Cloud.* Sound Design Records, Inc. Japan, 1984, LC 0309, Polydor.

Deuter macht vielfach eine liebliche, etwas sentimentale Musik. M. E. etwas feiner als KITARO:

DEUTER: *Land of Enchantment.* Kuckuck Schallplatten / E.R.P. Musikverlag, 1986. LC 2099, Kuckuck.

Wer Gitarre liebt, genießt MICUS:

MICUS, STEPHAN: *Wings over water.* JAPO/ECM Records, 1982. LC 2516, ECM Records GmbH

Elektronisches Arrangement kann den Zugang zu BACHS Musik erleichtern:

BACH, JOHANN SEBASTIAN: *Italienisches Konzert F-Dur, BWV 971.* CD «Classic Fantasy II». Meistersinger, 1991.

Wenn wir diese Musik mit Massage erleben, öffnet sich ein Fenster in eine andere Welt:

BACH, JOHANN SEBASTIAN: *Italienisches Konzert F-Dur, BWV 971.* Interpret: BUNIN, STANISLAV. EMI-Classics, 1990.

Diese Interpretation ist ein Gebet:

BACH, JOHANN SEBASTIAN: *Choralvorspiel «Ich ruf zu dir, Herr Jesu Christ».* BWV 639. Interpret: BUNIN, STANISLAV. EMI-Classics, 1990.

Madeleine Mahler

**Tanz als Ausdruck und Erfahrung**

Die Tanzpädagogin Madeleine Mahler zeigt, wie mit dem Tanz aus eigenem Erleben Bewegungsfreude entstehen kann. Den Hauptteil des Buches nehmen die Beschreibungen von vier Tanz-Zyklen ein, als Einstimmung werden die passenden Improvisationen aufgeführt, die Musikstücke werden nach Pulsschlägen ausgezählt und dazu die Bewegungsabläufe notiert. Ein anregendes Buch, das den Weg zu eigenem Gestalten weisen kann.

**Oberstufe**

Br., A4, 128 S.,
**Fr. 35.–/€ 17.50**
ISBN 3-7296-0242-X

Madeleine Mahler

**Kreativer Tanz**

Der kreative Tanz schult und formt mit Hilfe von Bewegungsübungen den Körper auf eine spielerische Art. Madeleine Mahler bietet eine Vielfalt von Möglichkeiten der Lektionsgestaltung. Dabei fällt das Wechselspiel zwischen Improvisation und Gestaltung besonders auf. Trotz der Vielseitigkeit hat dieses Werkbuch einen klaren Aufbau. Viele Skizzen und Fotos laden zum Ausprobieren ein.

**Oberstufe**

Br., A4, 120 S.,
**Fr. 35.–/€ 17.50**
ISBN 3-7296-0103-2

Tanzen in Schule und Freizeit

**Tanzchuchi**

Einführung in die Grundlagen des kreativen Tanzes, der Bewegung und Gestaltung, 60 Tanzbeschreibungen. Einheimische Tanzformen schlagen die Brücke zwischen Volkstänzen aus aller Welt und modernen Popformen. Im methodischen Teil sind Hinweise für die Erarbeitung der dargestellten Bewegungsformen enthalten.

**Alle Stufen**

Br., A4, 208 S.,
**Fr. 39.–/€ 19.50**
ISBN 3-7296-0129-6

Begleit-CD/MC mit 15 Beispielen
**CD 4233, Fr. 29.–/€ 14.50**
**MC 1233, Fr. 20.–/€ 10.–**

Adelheid Ohlig & Team

**Yoga ist (k)ein Kinderspiel**

Yoga zuhause, im Kindergarten, in der Schule. Übungsbeispiele, verknüpft mit Anregungen, wie die Bedürfnisse und Fähigkeiten der Kinder berücksichtigt werden können.

«Die Autorinnen und der Autor haben einen freien Weg für die vielseitigen Möglichkeiten des Yoga gesucht. Der vorliegende, sorgfältig gestaltete Band eignet sich auch für Erwachsene, die mit Yoga erst anfangen oder es mit Kindern teilen wollen.» *Bibliorama*

**Ab 4 Jahren**

Br., 156 S.,
**Fr. 36.–/€ 18.–**
ISBN 3-7296-0446-5

Ulrike Meyerholz/Susi Reichle-Ernst

**Kleine Clowns und grosse Töne**

Altersgemässe Spielideen für Zirkusfans in Kindergarten, Grundschule, Musikschule, in Sportverein, Tanz- und Gymnastikstudio. Die Lieder, Geschichten und Musik, die sie dabei entdecken, über alle Sinne erfahren, ausprobieren und weiterentwickeln können, sind Eindrücke mit Langzeitwirkung, v.a. wenn intensiv an einem Zirkusprojekt gearbeitet wird.

Die Musikstücke auf der Begleit-CD zaubern eine Atmosphäre, die die Spielfreude der Kinder anregt, eigene Zirkusnummern mit ihren Fähigkeiten zu gestalten.

**Von 4–10 Jahren**

Br., A4, 168 S., inkl. CD,
**Fr. 59.–/€ 33.–**
ISBN 3-7296-0637-9

Ulrike Meyerholz/Susi Reichle-Ernst

**Einfach lostanzen**

Dieses Buch und die beigefügte CD bieten eine Fülle von Anregungen, die für jegliche Art von Bewegungsunterricht, vom Turnsport bis zum modernen Ausdruckstanz geeignet sind. Einzel-, Paar- und Gruppenaufgaben bieten Kindern ab 10 Jahren, Jugendlichen und Erwachsenen Tipps zur spielerischen Improvisation und Bewegungsgestaltung. Die klare Beschreibung verspricht eine unkomplizierte Handhabung.

**Ab 10 Jahren**

Br., A4, 160 S., inkl. CD,
**Fr. 59.–/€ 29.50**
ISBN 3-7296-0429-5

Ulrike Meyerholz/Susi Reichle-Ernst

**Heisse Füsse, Zaubergrüsse**

Ein neues Werkbuch der Erfolgsautorinnen Meyerholz/Reichle («Einfach lostanzen»). Diesmal für die Unterstufe (4 – 10 Jahre), wieder mit Begleit-CD, deren Melodien zum Erzählen und Fantasieren verführen und deren unterschiedlichste Rhythmen Kinder und LehrerInnen anregen, freie und choreographierte Bewegungen spielerisch einzuüben. – Von der pantomimischen Improvisation über das ausgelassene Herumtoben bis zur einstudierten kleinen Theatervorstellung.

**Von 4 – 10 Jahren**

Br., A4, 168 S., inkl. CD,
**Fr. 59.–/€ 29.50**
ISBN 3-7296-0565-8

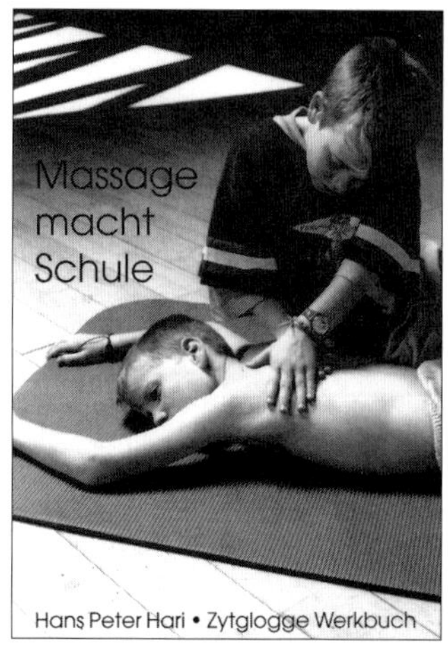


Hans Peter Hari

**Massage macht Schule**

Die grundlegenden Elemente der Massage können in wenigen Stunden erlernt werden. Das Werkbuch bietet einen guten Einstieg und eine umfassende Palette von Anwendungsmöglichkeiten. Eltern massieren ihre Kinder – und umgekehrt, Massage in Kindergarten und Schule macht immer mehr Schule. Jugendliche werden mit dem Körper, der Welt der Gefühle und körperorientierter Selbsterfahrung konfrontiert.

**Alle Stufen**

Br., A4, 128 S.,
**Fr. 42.–/€ 23.–**
ISBN 3-7296-0514-3